对话叛逆期：父母语言训练手册

燕子＿著

北方联合出版传媒(集团)股份有限公司

万卷出版公司

© 燕子 2022

图书在版编目（CIP）数据

对话叛逆期：父母语言训练手册 / 燕子著. -- 沈
阳：万卷出版公司，2022.2
ISBN 978-7-5470-5811-4

Ⅰ.①对… Ⅱ.①燕… Ⅲ.①青春期－家庭教育
Ⅳ.①G782

中国版本图书馆CIP数据核字(2021)第212502号

出版发行：北方联合出版传媒（集团）股份有限公司
　　　　　万卷出版公司
　　　　　（地址：沈阳市和平区十一纬路25号　邮编：110003）
印　刷　者：北京昊鼎佳印印刷科技有限公司
经　销　者：全国新华书店
幅面尺寸：145mm×210mm
字　　数：120千字
印　　张：5
出版时间：2022年2月第1版
印刷时间：2022年2月第1次印刷
责任编辑：齐丽丽
责任校对：张兰华
策划编辑：徐红有
封面设计：季晨设计工作室
ISBN 978-7-5470-5811-4
定　　价：36.00元
联系电话：024-23284090
传　　真：024-23284448

常年法律顾问：王　伟　版权所有　侵权必究　举报电话：024-23284090
如有印装质量问题，请与印刷厂联系。联系电话：0316-2010400

　　心理学家指出，大多数叛逆行为都是由逆反心理引起的。对叛逆期的孩子来说，逆反心理主要是指孩子为了维持自己的自尊，对家长、老师及其他长辈的要求采取相反的态度和言行。而这些相反的态度和言行，从外在表现出来，就是叛逆行为。

　　常见的叛逆期孩子的叛逆行为有同家长或其他长辈顶嘴，故意违反家长的要求和规定，总和父母对着干，对家长的意见嗤之以鼻……本书主要从叛逆不是孩子的错、日常行为习惯叛逆、学习态度叛逆、社交行为叛逆、品格叛逆和接纳孩子的叛逆六个方面对叛逆期孩子的叛逆行为展开阐述。

　　另外，本书取材源于现实生活，设置了"叛逆情景再现"、家长"说教话术"和"不抵触的温暖话术"模板，以及不同父母话术下所对应的孩子的不同表现，力求给读者打造一种沉浸式的阅读体验。

本书把父母话术分为两类：把苦口婆心的说教、带有期望的唠叨、数落、规劝、指责、嘲讽、埋怨、做比较、贴负面标签、否定等话术统一归纳为"说教话术"；把温暖的、鼓励的、积极的、平等的、尊重的、理解的等话术统一称为"不抵触的温暖话术"。

叛逆不是孩子的错，叛逆更多的是一种成长和进步，主要是孩子的生理不断成熟和思维不断提高的成果。面对叛逆期的孩子，家长不要急着给孩子贴"不听话""不乖""不懂事"的负面标签，不要一味地数落孩子，抱怨孩子不应该叛逆，强迫孩子听话。家长要做的，应该是理解孩子的叛逆行为，接纳孩子的叛逆，与孩子建立平等、尊重的新型亲子关系，了解孩子的内心世界，找到孩子叛逆的根源，和孩子建立无障碍的沟通。

事实上，养育孩子就像读《哈姆雷特》，一千个孩子就有一千种养育方式。因此，我们把本书所提到的话术及内容，称为一种养育经验，家长最好不要原封不动地照搬照用，而要根据自家孩子的具体情况，参考别人的经验，寻找一种符合自家孩子的解决方案。

本书倡导温暖教养法，希望通过孩子不抵触的温暖话术，拉近亲子间的关系，降低孩子叛逆的程度，给孩子以正确引导，让孩子身心健康地成长。

目录

第三章　学习态度叛逆的话术

第四章　社交行为叛逆的话术

第五章　品格叛逆的话术

第六章　接纳孩子的叛逆

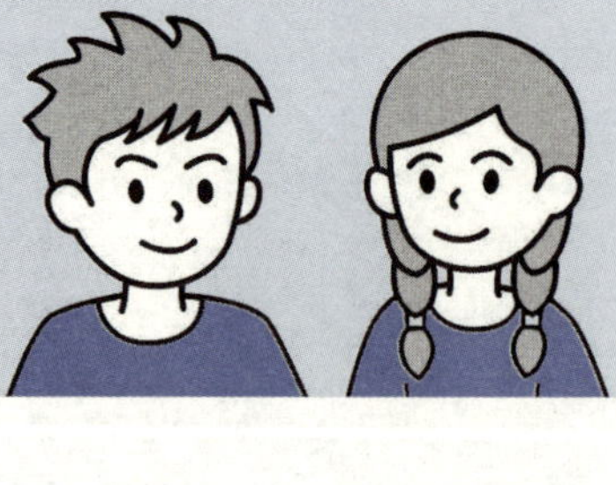

第一章　叛逆不是孩子的错

　　家长是爱孩子的，但爱孩子的家长不一定都是理解孩子的。正是因为不理解，有些家长会给孩子贴上"叛逆"的标签。事实上，叛逆并不是孩子的错，而是孩子长大的一种标志，是有源可溯的。家长不妨试着去理解孩子的叛逆行为，不要对孩子吼叫，也不要唠叨，而是心平气和地采用一些孩子不抵触的话语，去温暖孩子的心，拉近亲子之间的关系，和孩子做朋友。

叛逆只是孩子在长大，别急着说孩子不听话

🗨 叛逆情景再现

孩子坐在客厅的沙发上看电视，家长过来叫孩子去写作业，孩子毫无反应，好像没听见一样。

	说教话术	孩子的表现
	"你的耳朵呢？妈妈跟你说话你没听见吗？我都叫你好几遍了。"	不理睬家长，继续看电视，和家长对着干。
	温暖话术	孩子的表现
	"妈妈刚刚叫你呢，你是不是没听见呀？该去写作业啦！"	因为家长没有责怪而感到愧疚，主动和家长沟通。

💬 情景分析

"我不要你管！""我已经长大了。""我知道该怎么做。"这些都是常见的叛逆期孩子的叛逆表现，是叛逆期孩子的心里想法的直接反馈，也是孩子身心成长的标志和开始。

处在叛逆期的孩子，一方面闹着要独立，一方面又不知道要怎么控制自己的想法和情绪。于是，他们试图和家长对抗，家长让往东，他们偏要往西；他们非常情绪化，很容易发怒；他们心思复杂，固执又好走极端；他们粗鲁无礼，常常不尊重他人……那么，面对孩子的这些叛逆表现和行为，家长应采取哪些话术来与孩子沟通交流呢？

实际上，叛逆是孩子身心发展、认知能力提高的表现。当孩子出现叛逆表现，家长不要急着去批评孩子不听话。每个孩子的身体里都潜伏着叛逆的种子，每个孩子都可能会叛逆。但是，孩子的叛逆只是暂时的，叛逆是孩子慢慢走向成熟、开始认识责任、不断形成个性和完善自我的过程。因此，当孩子叛逆时，家长也不必太过焦虑，不要急着给孩子贴"不听话"的标签，更不要诉诸武力逼迫孩子听话。

话术解读

说教话术

(😦)"你现在不听我的话，将来肯定会后悔的。"

(😦)"我都是为你好，等你长大了就明白了。"

(😦)"我管你还不是为了你好，别人我还懒得管呢！真是越来越不听话了。"

(😦)"你到底要看到什么时候，是不想睡了吗？"

某些家长认为"好孩子=听话"，而且，他们对孩子听话的要求大多都很苛刻，巴不得孩子什么都听自己的。一旦孩子有所违抗，他们就会利用家长的权威，打着"为孩子好"的旗帜，高高在上地对孩子进行一番说教。殊不知，这种说教式的沟通方式非但不能说服孩子听话，反而会使孩子变得更加叛逆，不利于亲子关系的培养。

温暖话术

(🙂)"这个电视很好看呢！不过你写作业的时间到了，妈妈陪你再看十分钟就去写作业，好吗？"

(🙂)"时间不早了，妈妈觉得再不开始写作业，晚点儿该着急了！"

（☺）"咦，看得这么专注，都没听见妈妈说话呢！该写作业啦！"

（☺）"写作业的时间到了，妈妈可不想第二天看到你被批评，你肯定也不想吧。"

其实，孩子的所有叛逆都是对各种束缚和限制的反抗。让孩子不抵触的温暖话术是家长在同孩子建立平等关系的基础上，尊重孩子、理解孩子并信任孩子、引导孩子主动思考的一种双向亲子沟通方式。诚然，这种话术并不能让孩子变得彻底不叛逆，但却可以给孩子足够的包容和空间，进而缓解和改善孩子的叛逆，使其身心都获得真正的成长。

孩子叛逆有根源，一味埋怨要不得

叛逆情景再现

客厅里，家长正在告诉孩子为什么不能和"不良"的朋友一起玩。

说教话术	孩子的表现
"他不是一个好孩子，你跟他一起玩，肯定会学坏的。"	嫌家长啰唆，认为家长不尊重自己的朋友，和家长产生隔阂，背着家长去找朋友玩。

温暖话术	孩子的表现
"和谁交朋友是你的自由，妈妈希望你能和志同道合、优秀的朋友一起玩，让自己也更优秀。"	会有排斥心理，但会思考家长说的话。

情景分析

面对叛逆的孩子，家长若只是一味地对其进行说教、斥责，是没有多大的教育意义的。另外，由于叛逆的孩子本身就具有破坏性，并不被人喜欢。因此，有些家长在面对叛逆的孩子时，常常会有一腔怨言。

一般情况下，导致孩子叛逆的原因有如下四点：

1. 孩子的心智还未成熟。

心智还不成熟的孩子，容易固执、片面、偏激地对待事情，常常会把家长的劝说、提醒和督促当成对自己的不尊重、不理解和不信任，喜欢跟家长对着干。

2. 家庭教育的缺失。

有些家长平时与孩子相处的时间不多，对孩子的关心不够，以至于孩子认为家长没资格管自己。

3. 教育方式不恰当。

家长一味要求孩子听话，总是批评孩子、过度溺爱孩子和命令式地说教、专断式地压制、无休止地唠叨，等等，都属于不恰当的教育方式，极易导致孩子叛逆。

4. 孩子成长的社会环境有问题。

不良社会环境会直接影响孩子的成长，在有问题的成长环境中，孩子可能会模仿那些爱出风头、爱表现自我、爱唱反调的孩子，进而"学坏了"，变得叛逆。

话术解读

面对叛逆期孩子的叛逆行为时，家长应采取哪些话术来跟孩子沟通呢？下面就以孩子结交"不良"朋友为例，列举几句家长的说教话术和让孩子不抵触的温暖话术，并对这些话术做简单的分析。

说教话术

(☹)"你那个朋友，品性恶劣，学习又不好，你跟他玩，肯定什么都学不到。"

(☹)"以后不许再跟那种人玩了，你应该跟好孩子玩。"

(☹)"'近朱者赤，近墨者黑。'你跟那样的坏孩子玩在一起，肯定也会变坏的。"

(☹)"你那朋友就是一个叛逆少年，他爸妈都管不了，以后不准跟他玩！"

(☹)"你跟你朋友学得都会唱反调了，继续玩下去，那还了得，以后不要再跟他玩了。"

家长在孩子面前指责孩子的朋友，即便出发点确实是为了孩子好，也很难获得孩子的理解和认可，反而会挫伤孩子的自尊心，让孩子心生"你越不让我跟谁玩，我偏要找谁玩"的叛逆心理。另外，这些说教话术大都隐含了一些家长的抱怨，如抱怨孩子交友不慎、抱怨孩子不学好、不听话等，更是给孩子传递了负面情绪。这些都会使叛逆期的孩子变得更加叛逆。

温暖话术

（☺）"能不能告诉妈妈，你现在经常和谁一起玩呢？"

（☺）"我好像看见你和×××一起玩了，你觉得×××是个怎样的人？"

（☺）"跟妈妈说说，你那个朋友都有哪些值得你学习或者不好的地方呢？"

（☺）"妈妈看你特别喜欢跟×××一起玩，你能告诉妈妈你为什么这么喜欢跟他玩吗？"

上面这些让孩子不抵触的温暖话术没有指责孩子结交不良朋友，也没有给孩子的朋友贴"不良朋友"的标签，更没有专制地要求孩子不许跟朋友玩，而是给孩子足够的尊重和信任，引导孩子主动表达自己的想法。这种话术更容易让家长走进孩子的内心，了解孩子的真实想法，更容易找到孩子结交不良朋友的缘由，从而能够更好地帮助孩子。

理解孩子的叛逆行为，不要强迫孩子听话

叛逆情景再现

　　家长做了一桌健康又营养的饭菜，可孩子挑食，就是不愿意吃。

	说教话术	孩子的表现
	"你正在长身体，不可以挑食。"	抗拒吃饭、继续挑食，把家长的话当成耳旁风。
	温暖话术	孩子的表现
	"怎么啦？是妈妈做的饭菜不合胃口吗？"	承认饭菜不合胃口，主动说出自己对每道菜的感觉和想法。

情景分析

对于叛逆孩子的叛逆行为，大部分家长都很难保持理解的态度和立场。他们经常会因为孩子的叛逆行为而失去耐性，进而采取情绪化的应对方式，以家长的权威强制要求孩子听话。就拿孩子挑食来说，有些家长总以"你正在长身体，需要摄入均衡的营养"为由，强制挑食的孩子吃自己搭配的营养饭菜，这种强迫孩子听话吃饭的行为就是家长不理解孩子叛逆行为的一种表现。

家长之所以总是为孩子的叛逆行为感到焦虑、烦恼，不理解孩子的叛逆行为，主要有以下两点原因：

（1）家长过于专注孩子的叛逆行为，拒绝倾听孩子内心的真实想法。大多数家长都会把注意力放在孩子的叛逆行为上，常常会因为孩子的叛逆行为而误解孩子，不给孩子表达自我的机会。这就导致家长听不到孩子的真实想法，无法真正走进孩子的内心，亲子之间的隔阂也会因此而拉大，亲子关系会受到一定的影响。

（2）家长只顾谈自己的感受，看不到孩子内心的痛苦。有些家长对孩子寄予了很大的期望，在孩子出现叛逆行为时，只顾表达自己的生气和不满，从未想过隐藏在孩子叛逆行为背后的真正原因，甚至有些家长还会指责孩子，如"你为什么总是不听话？""你怎么一点儿都不懂事"等，完全看不到孩子内心的痛苦。

不理解孩子叛逆行为的家长，大多都只会为叛逆孩子的叛逆行为感到失望和沮丧，常常以强迫孩子听话的方式，使孩子变得更加叛逆；理解孩子叛逆行为的家长，可以帮助孩子建立安全感，让孩子身心健康地成长。

话术解读

不理解孩子叛逆行为的家长，常常会用一些说教的话术与孩子沟通；而理解孩子叛逆行为的家长，则会使用孩子不抵触的温暖话术与孩子交流。下面以孩子的挑食行为为例，列举几句说教话术和让孩子不抵触的温暖话术，并分别进行简单的分析介绍。

说教话术

（😞）"我做什么你就吃什么，不可以挑肥拣瘦。"

（😞）"我辛辛苦苦为你做的营养餐，你要是懂事，就好好吃。"

（😞）"你现在正是长身体的时候，需要补充营养，不可以挑食。"

（😞）"爸爸妈妈小的时候，想吃这些都吃不上呢，你倒好，还挑食，我看你是没饿着。"

（😞）"你不吃，怎么补充营养；不补充营养，你怎么
长高？"

看着正在长身体的孩子挑食，不少家长的内心都极其焦虑。于是，有些家长便采取说教话术来跟孩子强调挑食的坏处和好好吃饭的必要性，然而收效甚微，甚至还可能引发孩子的逆反心理："你说我挑食，我就挑食，我就不吃，你能把我怎么着？"亲子间的矛盾也因此变得更加激烈。其实，家长说的话本身也没有错，但是，他们并没有试着去理解孩子叛逆的行为，无法把话说进孩子的心里。所以，即便道理说得再好，也很难引起孩子的共鸣。

温暖话术

（😊）"这是妈妈最喜欢吃的一道菜，妈妈先给你夹一点
儿，你尝尝，看看喜不喜欢？"

（😊）"不可口可以少吃一点儿，不然一会儿你要是饿了，
也得等到下一顿饭啦！"

（😊）"妈妈记得你以前挺喜欢吃这些菜的，是最近的胃口
变了吗？"

（😊）"大胆尝试，说不定你会发现食物的特别之处，成为
美食家呢？"

（☺）"你要想知道自己是否喜欢某种新的食物，至少得品尝不下十次！这次觉得不好吃也没关系，可以不吃，我们下次再试试。"

使用让孩子不抵触的温暖话术的家长，已经在话术中表达了自己对孩子挑食行为的理解，并将关注点放在叛逆孩子偏食的原因上，用话术引导孩子表达自己的真实想法，从而选择恰当的方式来帮助孩子改善饮食习惯。因此，当孩子出现叛逆行为时，家长不妨试着把关注点放在孩子内心的情感上，试着去理解孩子的叛逆行为，多方面、多角度引导孩子走出叛逆。

不吼叫、不唠叨，用话语温暖孩子的心

叛逆情景再现

孩子把自己的房间弄得乱七八糟，家长站在门口。

	说教话术	孩子的表现
	"赶紧给我把这些乱七八糟的东西收好，把房间给我打扫干净！"	消极应对、装作没听见、不动手或不情愿地敷衍整理。
	温暖话术	孩子的表现
	"你的房间有点儿乱，稍微整理一下，你玩起来会更方便。"	默默思考家长的话。

情景分析

吼叫、唠叨是某些家长在面对叛逆孩子的叛逆行为时所表现出来的常态。当孩子的"叛逆"和家长"恨铁不成钢"的思想发生碰撞时，家长的情绪是极易失控的，难免会对叛逆的孩子吼叫或者唠叨一番。然而，吼叫也好，唠叨也罢，对叛逆的孩子所起到的有益作用都是极其微小的，而且很有可能会使孩子变得更加叛逆。

吼叫会给孩子树立一个不好的榜样，会让孩子以为自己也可以对他人吼叫，还会使孩子的内心失去安全感；唠叨会让孩子质疑家长对自己的爱，认为家长越来越不爱自己，而且还会对家长的唠叨逐渐免疫，更听不进去。最重要的是，家长的吼叫和唠叨都不能解决孩子叛逆的问题，反而可能会制造出更多的叛逆问题。

因此，家长与其伤精费神地对叛逆的孩子进行吼叫或唠叨，不如调整好自己的状态，用一些孩子不抵触的话语温暖孩子的心，帮助孩子更好地成长。

话术解读

下面以让孩子整理乱七八糟的房间为例，来看看吼叫、唠叨的家长与不吼叫、不唠叨的家长分别会用哪些话术来与孩子沟通。

说教话术

（☹）"赶紧把这乱七八糟的房间给我收拾干净喽。"

（☹）"我警告你，你再不把房间整理干净，我就把你的玩
具全都扔掉。"

（☹）"我在外面辛苦工作了一天，你要是懂事，就应该体
谅体谅我，把屋子整理干净！"

（☹）"说了多少遍让你把房间收拾干净，你是听不
见吗？"

不管家长是用吼叫的方式命令孩子收拾房间，还是用唠叨的
方式要求孩子整理房间，本质上家长都是站在自己的角度对孩子
进行说教。然而，这些说教话术很难引起孩子的责任意识和共鸣心
理，反而会让孩子觉得心烦，尤其是叛逆的孩子听了，会变得更加
叛逆。

温暖话术

（☺）"我注意到你的房间很乱，怕是会滋生细菌，导致生
病，你要不要收拾一下？"

（☺）"你还要在房间里睡觉、学习、玩耍呢！得整理出下脚的地方才可以呀！"

（☺）"我整理玩具，你收拾积木，咱们看谁先整理完，好吗？"

（☺）"我们一起把你房间的这些物品分类放好吧！这样你以后拿起来也方便些。"

再叛逆的孩子，也渴望得到家长的爱和理解。只有设身处地地站在孩子的角度考虑问题，用心体会孩子的感受，才能感受到孩子的情绪，才能说出孩子不抵触的话语，让孩子主动思考家长的提议。这样一来，家长与孩子之间的争执就会减少，而且孩子也更愿意敞开心扉与家长沟通，家长也能更好地认识和帮助叛逆期的孩子。

第二章　日常行为习惯叛逆的话术

　　说谎、偷拿东西、上网成瘾、疯狂追星等都是孩子日常叛逆的行为表现。面对孩子的这些日常叛逆行为，有些家长会因为过度焦虑而将说教、唠叨的话语经常挂在嘴边；有些家长则会尝试用一些孩子不抵触的温暖话术来缓解孩子的叛逆心理，努力提高亲子之间的沟通效能，引导孩子正确认识自身存在的问题，主动做出改变。那么，您属于哪一类家长呢？

假期作息不规律——"我给你定好了闹钟！"

💧 **叛逆情景再现**

晚上10点，孩子还在看电视，妈妈打着哈欠走了过来。

	说教话术	孩子的表现
	"别看了，再看明天又该起不来了！"	烦躁，困意全无，假装没听见家长的话，故意把电视声音调大，和家长对抗，继续熬夜看电视。
	温暖话术	孩子的表现
	"我给你定好了闹钟，半小时之后会响，响了你就去睡觉！"	情绪比较平静，会有心留意一下闹钟。

情景分析

假期一到，孩子就摆脱了学校和老师的束缚，白天不用早起去学校，晚上也不用做作业。于是，有些孩子就开始打破原有作息规律，重新养成一种作息紊乱的不良生活习惯，主要表现为晚上不睡，白天不起，而沉迷看电视是很多孩子假期熬夜和睡懒觉的主要原因。

假期作息不规律，会给孩子带来一系列的不良影响，比如无法保证孩子的睡眠质量，不利于孩子的生长发育，影响孩子的身体健康，降低孩子的学习能力和认知能力，等等。这也是为什么家长会因为孩子作息不规律而感到焦虑和恼怒的关键所在。

话术解读

面对孩子假期作息不规律的叛逆行为，家长大都会使用哪些说教话术来与孩子交流呢？除了使用说教话术，家长还可以尝试用一些孩子不抵触的温暖话术，而这些温暖话术又该怎么表达呢？

说教话术

(☹)"你还要看到什么时候啊？还睡不睡觉了？"

(☹)"都几点了？赶紧去睡觉。"

(☹)"你要是学习能像看电视这般认真，我保证再也不阻
止你看电视。"

(☹)"你这晚上不睡、白天不起的，很伤身体的，你知不
知道？"

　　面对孩子的叛逆行为，很多家长很难就事论事，反倒常常因为某件事去强制牵扯其他事。比如，因为孩子熬夜看电视，家长就开始拿孩子的学习、健康来说教。试想一下，有人在半夜对你说教，而且还是在你看电视的时候，你会是什么心理？你会不会觉得心烦、啰唆、厌恶？换位思考一下，或许你更能理解孩子的叛逆行为。

温暖话术

(☺)"时候不早了，我先睡觉啦！你看完这集也赶紧去
睡觉！"

（☺）"这个是你亲手制作的半小时时间沙漏，等这些沙漏
　　　完，你就去睡觉，可以吗？"

（☺）"告诉妈妈，你大概还需要看多久？这样妈妈好提
　　　醒你。"

（☺）"听说熬夜会长不高！像你这么熬夜，会不会真的就
　　　长不高了呢？"

　　让孩子不抵触的温暖话术并不是对孩子熬夜看电视的行为放
任不管，而是温暖地提醒孩子该睡觉了，家长可以借助闹钟、电视
剧集长、沙漏等来跟孩子约定睡觉的时间，也可以告诉孩子熬夜看
电视的坏处，让孩子自主决定睡不睡觉。良好的睡眠习惯和作息规
律，可以使孩子更加健康地成长，即便是在假期，家长也不能放任
孩子熬夜、赖床。

孩子说谎——"妈妈很爱你，但不喜欢你说谎"

叛逆情景再现

妈妈发现孩子涂改考试成绩，孩子却谎称说是自己考的。

	说教话术	孩子的表现
	"你在说谎，说谎是不对的，没有人愿意跟说谎的人成为朋友！"	懒得听，更加厌烦家长，意识不到撒谎的危害，继续为自己的谎言辩解。
	温暖话术	孩子的表现
	"妈妈不喜欢你说谎，妈妈生气是因为你说谎了，但妈妈还是爱你的。"	说谎的压力消减了许多，主动思考说谎的行为，再次说谎的可能性有所降低。

🌀 情景分析

说谎，是叛逆期孩子身上常见的一种叛逆行为。说谎，又分为有意说谎和无意说谎，而叛逆期的孩子说谎，大多数都属于有意说谎，即孩子为了达到自己的目的，故意扭曲事实。

通常情况下，孩子说谎的心理原因主要有两个。

（1）出于害怕的心理。孩子犯了错或是在某件事情上没有达到父母的期待，害怕说实话会受到家长的惩罚和斥责，索性就选择说谎。

（2）出于某种短暂的利己目的。有些孩子撒谎本身就带有一定目的，或是为了获取某件物品，或是为了获取他人的欣赏，或是想要保护自己的个人隐私，等等。

🌀 话术解读

家长在识破孩子的谎言后，会采取哪些话术与孩子沟通呢？

有些家长会借助说教话术，直接开门见山地告诉孩子说谎是一种坏习惯，这只会强化孩子的说谎行为；有些家长通过一些不抵触的温暖话术，让孩子感受到被关注、被爱，进而帮助孩子消除说谎后的心理压力，主动思考说谎的行为。

说教话术

(☹) "你别以为我不知道你在说谎，仅此一次，下不
为例。"

(☹) "妈妈那么信任你，你怎么能对妈妈说谎呢？"

(☹) "我现在都不知道你说的话哪句是真的、哪句是假
的，再也不敢相信你了。"

(☹) "你竟然敢对我说谎，真是太不把我放在眼里了。"

(☹) "谁教你说谎的？你知不知道说谎就是欺骗，是不
对的？"

上面这些说教话术，或者其他类似的说教话术，都强化了孩子说谎的行为本身，而且大多都是直截了当地否定了孩子说谎的行为。在这种说教话术下，即便是孩子知道说谎不好，也可能会因为家长的话术，而选择和家长对着干，甚至还可能会思考下次要如何说谎才能不被家长识破。如此一来，家长的一番苦心非但没有取得积极的成效，反而让孩子变得更加叛逆。

温暖话术

(☺ ）"妈妈想知道你说谎的真正原因是什么？你愿意跟妈妈说说吗？"

(☺ ）"你说谎是因为害怕被批评吗？"

(☺ ）"妈妈知道你不是故意要说谎的，你能跟妈妈解释一下吗？"

(☺ ）"妈妈不会因为你说谎就不爱你，但是，妈妈不喜欢你说谎。"

(☺ ）"妈妈知道你说谎了，妈妈也说过谎，知道说谎后的滋味，你现在心里肯定是不好受的。"

其实，叛逆期孩子的内心是非常敏感的，当家长识破自己的谎言后更是如此。温暖话术首先向孩子传递了家长对他的爱，表达了家长不会因为他说谎而不再爱他；其次是巧妙地将共情融入话术中，帮助孩子消除说谎后的心理压力；最后逐步引导孩子主动积极地思考说谎的行为，让孩子敢于真实地面对自我和他人。

偷拿东西——"拿别人的东西需要经过人家的同意！"

叛逆情景再现

孩子的小伙伴向家长反映说孩子总偷拿小伙伴的学习用品。

	说教话术	孩子的表现
	"'三岁偷针，长大偷金'，偷拿别人的东西是不对的。"	为偷拿别人东西的行为感到自卑，留下心理阴影。
	温暖话术	孩子的表现
	"妈妈跟你一起去把东西还给小伙伴吧！下次记得拿别人的东西时要经过人家的同意！"	碍于自尊和面子，可能会不愿意去还东西，但已经知道未经允许就拿别人东西的行为是不对的。

情景分析

在有些家长眼里，孩子在没有获得别人允许的前提下拿走别人东西的行为，就是"偷窃"。实际上，孩子会做出这种行为，并不完全出于"偷窃"心理，还有很多其他的原因，归纳起来主要有以下四点：

（1）受好奇心驱使，想拿来看看，并没有意识到这种行为的不妥。

（2）从众心理作祟，看到朋友在偷拿，自己也跟着偷拿。

（3）家长平时对孩子的关心不够，孩子试图通过偷东西的行为来获取家长更多的关注。

（4）别人有的东西自己没有，而自己又特别想拥有，就选择了偷拿。

然而，不管孩子出于什么原因偷拿了别人的东西，家长都要及时对孩子进行引导和教育，要让孩子意识到偷拿东西的行为不对，要及时解决孩子偷拿东西的"叛逆"行为。

话术解读

在遇到孩子偷拿别人东西时，家长会使用哪些话术来对孩子进行引导和教育呢？

说教话术

（😞）"谁教你偷东西的，你知不知道偷东西是犯法的？"

（😞）"像你这种不跟人家打招呼就拿走人家学习用品的行为，就是在偷东西。"

（😞）"小偷小摸的可不行！那是人品问题，是会被人鄙视的。"

（😞）"偷拿别人的东西，还被人家发现了，你说你丢不丢人？"

　　遇到孩子偷拿别人东西的情况时，家长即便再生气，也最好不要轻易用说教话术给孩子贴上"偷"的负面标签，不能用"小偷"或"人品有问题"来辱骂孩子，更不能借此机会给孩子大谈特谈"偷窃"行为的坏处和危害，以免伤到孩子的自尊心，给孩子留下心理阴影。

温暖话术

（😊）"妈妈知道你肯定不是故意拿小伙伴的学习用品的！你去把东西还给人家吧！你要是觉得不好意思，妈妈可以陪你去，但是下次不可以这么做了！"

（☺）"在没有得到别人的允许时，就不可以拿别人的东西！你没得到小伙伴的允许，就拿了他的学习用品，这是不可以的！"

（☺）"你的小伙伴说你拿了他的学习用品，你用完了就赶紧还给人家！下次再拿别人东西时，要记得先跟人家打声招呼，人家答应借给你用，你再拿！"

无论多叛逆的孩子，也希望得到家长的尊重。因此，家长要注意自己的言辞和态度，在对待孩子未经允许就拿别人东西的行为时，不要用"偷"的概念去批判孩子，可以保持平和的态度，采用一些孩子不抵触的温暖话术委婉地告诉孩子正确的做法，陪孩子积极改正。

当众索要东西——"我回家考虑一下"

🍂 **叛逆情景再现**

孩子看上了同行小伙伴的书包，当着小伙伴及其家长的面缠着妈妈给他买。

	说教话术	孩子的表现
	"家里已经有很多书包了，不能再买了。"	耍脾气，继续纠缠，动手打人，不听劝告，冲妈妈大声说话。
	温暖话术	孩子的表现
	"看得出来，你很想要这个书包，给妈妈一些时间考虑一下。"	孩子还是想要，但叛逆情绪已经有所缓解，会继续问妈妈问题。

🌰 情景分析

当众索要东西，是孩子众多叛逆行为中的一种。相较于小宝宝撒泼打滚、大哭大闹地向家长索要东西的方式，年龄大点儿的孩子的叛逆方式就显得更加平静和"智慧"，更容易让家长失去理智。

孩子之所以会选择当众索要，主要原因有两点：

（1）当众索要，家长难免会碍于他人在场，顾及面子，不好对孩子进行批评和斥责。

（2）孩子想当然地以为当众索要东西，成功的概率会更大。

🌰 话术解读

当遇到孩子当众索要东西时，家长要如何与孩子沟通呢？

有些家长会选择使用说教话术，企图借助说教话术来打消孩子索要东西的念头，然而结果常常让家长失望；有些家长会选择简单粗暴的话术，直接说"不"，当众拒绝孩子的要求，而且还会伴随着数落和批评；有些家长会先答应孩子，事后回家再对孩子进行一番说教；有些家长则会通过一些温暖话术，在给足孩子面子的同时，又巧妙、理智地化解了孩子抛出的难题。

说教话术

（☹）"你并不需要这个书包，不买。"

（☹）"你家里已经有很多书包了，不能再买了。"

（☹）"买什么买，样样都想买，哪来那么多钱给你买？"

（☹）"不买，你就是图新鲜，买了你又不背。"

（☹）"你的书包才刚买不久，还是新的，不买。"

无论是苦口婆心地说教一番也好，还是简单粗暴地数落一通也罢，本质上都是一种单向的暴力沟通方式，更容易引发叛逆期孩子的逆反情绪。而且，家长当着孩子伙伴的面对孩子进行说教，势必会伤害孩子的自尊和面子，轻则会影响孩子与伙伴之间的友谊，重则会对孩子的日后社交产生负面影响。因此，遇到孩子当众索要东西时，家长要先控制好自己的情绪，而后方能心平气和地与孩子进行沟通。

温暖话术

（☺）"咱回家以后再好好商量商量，看看你是否需要这个书包，再决定买不买。"

（☺）"给我点儿时间想想，你也再想想，想好了再买。"

（☺）"家里有好多书包呢！等回家了，我考虑一下。"

（☺）"这个书包款式很新颖，确实很好看，给妈妈一点儿
　　时间考虑考虑，好吗？"

　　面对孩子当众索要东西的情形，家长不妨试着使用一些让孩子不抵触的温暖话术，不急着表态，给彼此一点儿时间去思考，而后再与孩子认真讨论：若是要求合理，家长再同意；若是孩子确实不需要这件东西，家长再慢慢给孩子分析即可。

花钱大手大脚——"一起来制定零花钱制度吧！"

叛逆情景再现

最近，孩子总是频频找各种由头向家长要钱，甚至有时一天会要两三次，加起来数额还不小，这让家长对孩子花钱的速度表示惊叹，准备和孩子谈一谈。

	说教话术	孩子的表现
	"爸爸妈妈赚钱很辛苦的，你省着点儿花！"	生气、顶嘴，觉得家长小气，埋怨家长，排斥家长的管教。
	温暖话术	孩子的表现
	"我们一起来制定零花钱制度吧！爸爸妈妈每个月给你一定的零花钱，你自己决定怎么分配和怎么花，可以吗？"	觉得自己有了零花钱和消费自由，不排斥家长的建议。

情景分析

大多数孩子在具备独立购买能力后，大都倾向于冲动型的消费方式，只要他们手里有钱，就会买想买的东西，却不管是否真的有买的必要。叛逆期的孩子更是如此。他们常常想买什么就买什么，什么好就买什么，不论多少钱，张口就跟家长要，好像家长的钱是取之不尽、用之不竭的一样。

叛逆期的孩子之所以认为家长的钱取之不尽、用之不竭，进而毫无节制地、大手大脚地花钱，主要原因有以下几点：

（1）家长从不跟孩子谈钱，致使孩子不了解金钱的来源和真正的意义，没有正确的金钱意识和财富观。

（2）孩子虚荣心强，大手大脚地花钱是为了向同学炫耀。

（3）家长对孩子过于宠爱，给孩子零花钱时太过大方，孩子要多少就给多少，孩子要买什么就给买什么，久而久之，孩子便养成了花钱大手大脚的习惯。

（4）家长没有以身作则给孩子做好榜样，给孩子展现出来的对金钱的态度也是没有计划和节制的。

话术解读

要想从根本上解决孩子花钱大手大脚的习惯，家长就要主动跟孩子谈钱，告诉孩子金钱的来源和真正的意义，引导孩子合理分配使用金钱，培养孩子理性消费、合理消费和善于理财的能力。但是，怎么跟孩子谈钱才能不让孩子产生抵触心理，就需要家长用心去思考了。那么，在孩子大手大脚花钱时，家长会采用哪些话术来跟孩子谈钱呢？

说教话术

(☹)"你就是不知道赚钱的辛苦，才会这样大手大脚地花钱！"

(☹)"你用的所有钱，都是爸爸妈妈辛辛苦苦上班挣来的血汗钱，不要乱花。"

(☹)"你当家里的钱是大风刮来的吗？花起来一点儿都不知道心疼，太不懂事了。"

(☹)"钱要节省着花，花完了，我可不再给你了。"

诚然，家长试图通过上面这些说教话术让孩子明白金钱的来之不易，想以此来劝告孩子节省着花钱。但是，对于叛逆期的孩子来说，这些说教话术及类似的话术与唠叨并无区别，很容易让孩子感到被指责和被管教，进而产生抵触情绪，变得更加叛逆，更难形成正确的金钱意识和消费观念。

温暖话术

（☺）"你想买什么都可以，但是你的零花钱是有限的，所以要做好花钱的计划，不妨一起来制定零花钱制度吧！"

（☺）"你花的钱，是爸爸妈妈辛苦工作赚来的。所以，爸爸妈妈也希望你用好每一分钱，如果有可能，也可以尝试一下自己赚钱哦！"

　　面对叛逆期孩子花钱大手大脚的行为，家长不要直接责怪或者试图用话术劝告孩子节省用钱，以免使孩子心生抵触，变得更加叛逆。家长可以先用话术对孩子的消费行为表示尊重，而后让孩子明白金钱的来源和正确用途，合理限制孩子的消费数额，从思想上改变孩子的金钱意识和消费观念，帮助孩子养成正确的金钱观。

沉迷网络——"一直盯着电脑，眼睛不难受吗？"

叛逆情景再现

孩子最近总是沉迷于上网，家长为此烦恼不已。

	说教话术	孩子的表现
	"天天玩电脑，难怪学习一塌糊涂！"	对父母不理睬，假装没听见，不想跟家长交流，继续上网。
	温暖话术	孩子的表现
	"网络很精彩，是不是也应让现实的生活精彩起来呢？去做一些有意义的事多好。"	回应父母的问题，注意力被转移。

情景分析

当今社会，电脑、手机等电子设备给人们的生活、学习带来了极大的便利，但同时也给人们带来了不少烦恼，比如，孩子过度依赖电子设备，沉迷于网络短视频和网络游戏，无法主动停止上网，等等，这让不少家长一谈到网络就十分头疼。

网络是一把双刃剑，能够帮助孩子更好、更便捷地学习；鱼龙混杂的网络内容也会给孩子的身心带来不好的引导，尤其是过度沉迷于网络、上网成瘾的孩子，受到的危害会更多。常见的危害有两点：

（1）色情、暴力等不健康的网络内容会严重危害孩子的身心健康。

（2）沉迷上网占据了孩子的学习、休息时间，降低了孩子的注意力，影响了孩子的情绪。

话术解读

在互联网时代，面对上网成瘾的叛逆孩子，家长采取简单粗暴的禁止孩子上网的做法并不现实，亦不可取。那么，面对上网成瘾、无法主动停止上网的叛逆孩子，家长通常会使用哪些话术来与孩子沟通呢？

说教话术

（😞）"我把网线拔了，以后不许上网了！"

（😞）"眼睛还要不要了？这都几点了，你还在玩电脑？"

（😞）"一天就只知道上网、上网，除了上网，你就不能干
点儿正事吗？"

（😞）"与其看手机、玩电脑，还不如在学习上多花点儿心
思呢！"

（😞）"你少上网，网上的内容都不健康，对你影响
不好。"

　　面对上网成瘾、无法主动停止上网的孩子，家长是十分焦虑和
烦恼的。因为担心孩子会沉迷上网而不想学习，害怕网络会耽误孩子
的前程，有些家长便会采取一些强制的、指责的、批评的说教话术。
然而，这些说教话术和制止行为常常适得其反，会让孩子产生反感情
绪，导致亲子间的隔阂越来越大，很有可能会使问题变得更加严重。

温暖话术

（😊）"你这样长时间盯着电子屏幕，眼睛会近视的。走，
妈妈带你出去玩会儿，放松一下眼睛。去你想去的

地方怎么样？"

(☺) "以后还是要规定你的上网时间，以免你因为沉迷上
网而错过了其他更有趣、更有意义的事情。你觉得
上网时间安排在哪个时间段更合适呢？"

(☺) "网络给妈妈的工作带来了很大的便利！妈妈看你也
经常上网，不知道网络给你的学习和生活带来了哪
些影响呢？你又是怎么看待网络的呢？"

(☺) "妈妈会在网上浏览新闻、查阅资料，你呢？上网是
为了什么？"

　　孩子是个独立的个体，有自己的思想和主见。不管做什么，都
渴望得到家长的支持和理解。对于孩子沉迷上网、无法主动停止上
网这件事，家长与其一味地用说教话术给孩子强调上网的坏处，不
妨先尊重和理解孩子的行为，而后站在孩子的角度为孩子考虑，用
孩子不抵触的温暖话术平等地和孩子讨论自己对网络的看法，与孩
子一起商讨制定上网的时间，给孩子更多的爱与陪伴，提升孩子的
网络素养，从而让孩子更理性地对待网络。

疯狂追星——"跟我聊聊你的偶像吧！"

叛逆情景再现

孩子缠着妈妈要钱，说是要买偶像的演唱会门票，还要求妈妈带他去看偶像的演唱会。

	说教话术	孩子的表现
	"追星不好，影响你学习。"	听不进家长的话，觉得家长不爱自己，和家长对着来：您越不让我追，我偏要追。
	温暖话术	孩子的表现
	"听说这个明星很火，你可以跟我说一下他的成就以及你喜欢他的原因吗？"	给家长介绍自己的偶像，而且极力突出偶像的优点，巴不得家长也跟自己一样喜欢偶像。

情景分析

抱着手机不停地刷偶像的动态，不停地追偶像的电影、电视剧、综艺，买偶像的海报、图册，瞒着家长偷偷去参加偶像的演唱会，借钱购买偶像代言的各种产品等，都是常见的叛逆期孩子疯狂追星的行为表现。

大多数家长因为害怕追星会耽误孩子的学习，所以并不支持孩子追星。然而，孩子之所以会追星，甚至达到疯狂的程度是有原因的，常见的原因有以下三点：

（1）孩子身边的同学、朋友都在追星，孩子不追，就缺少了交谈的话题，很可能会被集体孤立。为了满足自己的社交需求，孩子就会选择追星，而且会追同学、朋友都在追的偶像，"我的朋友都很喜欢他"，成了很多孩子追某个偶像的原因之一。

（2）追星让孩子更有归属感和依赖感。家长在孩子的教育和生活中的缺位状态导致亲子之间无法建立足够的爱和信任，孩子从家长那里无法获得归属感和依赖感，所以才将注意力转移到偶像身上，疯狂追星的行为会给孩子带来归属感和依赖感，会让孩子的情感和精神都有所寄托。

（3）疯狂追星是孩子释放压力的出口。有些孩子因为学习压力和心理压力过大，又找不到其他的发泄渠道，就会用追星的方式来释放压力。

话术解读

面对孩子疯狂追星的行为，家长会采取哪些话术来与孩子沟通呢？

> **说教话术**
>
> (☹) "你现在最要紧的是学习，追星会耽误你的学习。"
>
> (☹) "追星不是正经事，纯属浪费时间。"
>
> (☹) "你这么疯狂地追星毫无意义，你的偶像又不会因为你的疯狂而认识你、在意你。"
>
> (☹) "追什么星？与其追星，还不如好好追追你们班的尖子生，人家成绩比你好多了！"

对于孩子追星的行为，很多家长是难以接受的。他们会采取行动强行阻止孩子继续追星，还会用说教话术劝告孩子不要追星，要抓紧时间好好学习。然而，对处于叛逆期又疯狂追星的孩子来说，家长的强加阻拦和过分说教只会加重孩子的逆反心理，使孩子变得更加叛逆。

温暖话术

（☺）"你的偶像看起来很阳光，你是因为他的阳光才喜欢
　　他的吗？"

（☺）"妈妈以前也追星呢！你想不想听听妈妈追星时做的
　　那些傻事儿啊？"

（☺）"眼光不错！希望你和你的偶像都越来越优秀！"

（☺）"妈妈很高兴你有自己喜欢的偶像，但妈妈不希望你
　　因为过分追逐偶像而失去自己的人生，你要以偶像
　　为榜样，好好学习和生活，努力变得更好！"

　　家长与其一味地给孩子强调追星不好、不要追星或者不准追
星，不如给孩子更多的包容、信任和陪伴，尝试用孩子不抵触的温
暖话术同孩子建立共同语言，深入了解孩子追星的根本原因，合理
引导孩子学习偶像身上的优秀品质，让偶像成为孩子学习的榜样，
将孩子疯狂的追星行为调整为有意义的积极行为。

当孩子学习态度不端正，逃学、厌学时，作为家长的你，是给孩子唠叨学习很重要的大道理呢，还是直接对孩子进行说教批评，抑或是循循善诱，温柔地引导孩子端正态度，正确认识学习，主动学习呢？

没写作业——"写不写作业，你自己做决定"

叛逆情景再现

老师跟家长反馈说："孩子没交作业，他说他没写。"

	说教话术	孩子的表现
	"老师说你没写作业，为什么没写？怎么回事儿？"	情绪不佳，心里烦躁，拒绝与家长继续沟通。
	温暖话术	孩子的表现
	"你是不是又忘记写作业了？老师发信息说你之前很积极的，下次可不能再忘了。"	低头不语，情绪比较缓和，可能会主动与家长谈起没写作业的原因。

情景分析

对很多家长来说，孩子没写作业，早已不是什么陌生话题，而叛逆期的孩子没写作业，更是多数家长可能会遇到的难题，这个难题让很多家长都十分焦虑和头疼。

通常情况下，叛逆期的孩子没写作业的原因有很多，常见的有以下几点：

（1）知识点都懂，认为写作业没必要。

（2）没有认真听课，不会写。

（3）作业太多、太枯燥，不想写。

（4）不知道为什么要写作业。

（5）不喜欢老师或对家长不耐烦，故意不写作业来与老师、家长抗议。

（6）没有意识到写作业是自己的事，缺乏自主学习能力。

话术解读

在收到孩子没写作业的反馈时，很多家长都清楚要先找到孩子没写作业的原因。那么，在这个过程中，家长都会使用什么样的话术来与孩子沟通呢？

说教话术

（😞）"天天叫你写作业，你就装没听见，这下好了，没写
作业被老师批评了吧？"

（😞）"下次再听到老师说你没写作业，那你就别想看电
视了！"

（😞）"别人家的孩子多听话啊，人家一回家就自己主动写
作业，你好好跟人家学学。"

（😞）"以后我天天陪着你写作业，不写完不许睡觉！"

很多家长在收到老师反馈说孩子没写作业时，大都很难保持
理智、冷静的情绪去与孩子沟通，他们更多地会使用一些催促、责
怪，甚至是威胁的话术。殊不知，这种沟通方式极易引发孩子的逆
反心理。在这种沟通话术下，即便是孩子勉强完成了作业，也很难
真正参与到自己的学习中，很难自觉主动地完成作业，学习也可能
会因此而变成孩子的一种负担。

温暖话术

（😊）"写作业可以帮你巩固课堂上所学的知识点，妈妈希
望你能主动地按时完成自己的作业。如果你觉得自

己无法独立完成，妈妈愿意帮你。"

（☺）"在写作业方面，你要是有任何想法，或者遇到了难处，都可以告诉妈妈，妈妈会给你一些建议的。"

（☺）"妈妈想和你探讨一下'写作业是否有必要'，跟妈妈聊聊你的想法，好吗？"

（☺）"自己的事自己做，写作业也属于你自己的事。不过妈妈想问问你：没写作业会给你带来哪些不好的感受？"

家长与其在"孩子没写作业"这件事情上过分追究和指责，不如试着说一些孩子不抵触的温暖话术打开孩子的心扉，引导孩子主动表达自己的想法，进而了解孩子没写作业的真正原因，再针对具体的原因，采取有针对性的对策，积极引导孩子养成主动写作业的好习惯，增强孩子自主学习的能力。

写作业磨洋工——"我们需要做个时间规划"

💬 **叛逆情景再现**

晚上10点，家长走进孩子的房间，准备看看孩子今天的作业是否已经完成，却看到孩子将橡皮抠成渣，铺满了一桌，作业一道也没写完。

	说教话术	孩子的表现
	"你捣鼓橡皮干什么？一个晚上了一道题都还没写完？"	委屈、焦急、低头不说话或直接回答家长"不会做"。
	温暖话术	孩子的表现
	"看来我们需要给写作业的时间和要求做个规划了。"	对家长不再那么害怕和排斥，对家长的提议感到好奇。

情景分析

写作业磨洋工这种情况，在很多叛逆期孩子的身上都可以看到，是很多家长在辅导孩子写作业时常常遇到的一个难题。孩子写作业时，一会儿要喝水，一会儿要吃东西，一会儿又要上厕所，一会儿抠橡皮，一会儿削铅笔……孩子磨洋工的方式各种各样、五花八门。

大多数情况下，叛逆期孩子写作业磨洋工的原因不外乎以下四种：

（1）孩子基础差，底子薄，没跟上课堂进度，看着书本就犯难，不想写作业，磨蹭是在逃避写作业。

（2）孩子专注力太差，注意力分散，小动作多，爱磨蹭。

（3）家人端茶倒水送水果，过度给孩子送关怀，打断了孩子的学习思路。

（4）孩子时间观念不强，拖延成习。

话术解读

在遇到孩子写作业磨洋工的情况时，家长会用哪些话术来与孩子沟通呢？

说教话术

（😞）"这么长时间，一道题都没写完，你到底在干什么？"

（😞）"那么多作业，你这么磨蹭下去，还要不要睡觉了？"

（😞）"你不好好写作业，磨什么洋工？"

（😞）"先写完作业再玩儿，不行吗？"

（😞）"我有没有跟你说过要好好写作业？你就是这么写的啊？抠橡皮和写作业有关系吗？"

　　大多数家长在看到孩子写作业磨洋工时，都会情绪失控，忍不住会冲孩子发火，会对孩子说一些责怪的、批评的说教话术。殊不知，这种话术是点燃亲子矛盾的导火索，而家长所得到的反馈，大多是孩子更加叛逆的态度。

温暖话术

（🙂）"我们做个时间计划表，立个规矩吧！"

（🙂）"需要我帮忙做什么，你才能保证以后不再出现这种情况呢？"

（☺）"你这作业进展得够慢的啊，哪里出问题了呢？"

（☺）"怎么做你才能静下心来，专注地写作业呢？我们一起来探讨一下这个问题吧！"

　　遇到叛逆期孩子写作业磨洋工的情况时，家长的指责、批评类说教话术是无法从根上解决问题的。对此，家长可以试着转变话术，用一些温暖话术来帮助孩子找到写作业磨洋工的原因，培养孩子自主反思的能力，引导孩子分析问题、解决问题，并从这个过程中获取经验教训，从而主动突破自我，养成良好的学习习惯。

考试作弊——"你是害怕考不好才作弊的吧？"

🗨 叛逆情景再现

一位家长接到老师的电话反馈：发现孩子在考试中作弊。

	说教话术	孩子的表现
	"想获取好成绩就好好学习啊，作弊多丢人。"	自卑、羞愧、烦躁，不愿再去学校，认为自己很倒霉。
	温暖话术	**孩子的表现**
	"想考得好是对的，不过通过自己的努力考得好才更令人敬佩。"	作弊行为被家长理解，意识到考试作弊不对，但碍于自尊和面子，还可能会继续跟家长顶嘴，但情绪逐渐趋于平和。

情景分析

考试作弊，是指学生在考试中抄袭或偷看其他同学答案的行为。有些学习态度不良的孩子，会把作弊当成是获取好成绩的一种捷径。通常情况下，他们的作弊动机有以下三点：

（1）怕考不好，受到家长的批评和责骂。有些家长十分看重考试分数，甚至将考试分数与孩子的将来联系起来，在孩子考试成绩不理想时，通常不会给孩子好脸色，还会对孩子进行一番批评和责骂。于是，逃避家长的批评和责骂，就成了某些孩子考试作弊的动机。

（2）分数太低，孩子自己心里不好受。没有考好，有些孩子会觉得很没面子、很丢人、很伤自尊、心里不好受，故而选择了作弊，想通过作弊获取高分。

（3）为了获得老师、家长的表扬，以及同学的欢迎，有些虚荣心强的孩子，会有意识地选择在考试中作弊。

话术解读

面对孩子考试作弊的行为，家长都会采取哪些话术来让孩子认识到作弊行为是不对的呢？

说教话术

（☹）"平时要是好好学习，考试的时候又怎么用去抄别人的呢？"

（☹）"考试抄袭算什么本事，骗人骗己，毫无意义。"

（☹）"平时让你好好学习你不听，考试知道慌了吧！"

（☹）"你好的不去学，去学作弊，也不嫌丢人。"

（☹）"考试作弊，将来能有多大出息。"

的确，考试作弊是一种学习态度不端正的行为。但是，家长若想通过上述这些说教话术来教导孩子正确认识作弊行为，劝导孩子端正学习态度，恐怕只会适得其反，理由如下：上述这些说教话术虽然指出了考试作弊行为的不对，但话术中却含有指责、贬低孩子的意思，容易伤害孩子的自尊，使孩子产生对立情绪，加重孩子的叛逆心理，导致亲子关系变得更加疏远。

温暖话术

（☺）"妈妈以前也作过弊，也被老师发现过，后来知道抄袭作弊是不诚实的行为，就再也没作过弊了。"

（☺）"妈妈对你想考好成绩这点感到很高兴，这说明你是一个想上进的孩子，但妈妈希望你能通过自己的努力考出好成绩。"

（☺）"考试的目的是为了检测你对近期所学知识的掌握情况，考得不好也没关系，及时分析错题，查漏补缺，下次再遇到就不会错了。"

（☺）"你是不是担心考不好，老师、父母会对你失望，才会在考试中作弊呀？其实，考试作弊更让我们失望呢！"

　　不管孩子是有意作弊，还是无意抄袭，家长都不可以因为孩子的一次考试抄袭而过分夸大抄袭行为对孩子的危害，以免矫枉过正，给孩子造成心理伤害。家长可以利用共情的方式对孩子的作弊行为表示理解，再趁机指出作弊行为的不对，纠正孩子的作弊心态，帮助孩子建立正确的学习意识和学习态度，培养孩子健全的人格和优秀的品质。

遇到难题就求助——"自己先思考五分钟吧！"

叛逆情景再现

一位家长正在辅导孩子做作业，他发现孩子只要一遇到有点儿难度的题，就会马上求助，一点儿都不愿意动脑思考。

	说教话术	孩子的表现
	"遇到不会做的就问，不会自己先动脑筋想一想吗？"	生气、烦躁、发脾气、耍小性子、厌恶写作业。
	温暖话术	孩子的表现
	"你先静下心来，自己思考五分钟，做不出来再求助。"	耐着性子继续阅读题目，试着去找解决方法。

🌰 情景分析

叛逆期的孩子在写作业时，经常会草草地看一遍题目，只要题目稍微长一点儿、难一点儿，他们就会犯难，转而立刻向家长求助。他们的注意力总是会轻易地被那些难题分散，情绪也会因难题而变得急躁，完全没有耐心去认真地读题和思考。

叛逆期孩子一遇到难题就向家长求助的原因有很多，比较常见的有两点：

（1）父母经常帮助孩子解决难题，导致孩子过分依赖父母，一遇到难题，第一时间想到的就是向父母求助。

（2）孩子叛逆没有耐性，学习注意力不集中，积极性也不高，做作业只是为了应付差事，不愿意在难题上花费时间和精力。

🌰 话术解读

家长在辅导孩子写作业的过程中，碰到孩子一遇到难题就求助的情况时，都会采取哪些话术来跟孩子沟通呢？

说教话术

（☹）"你自己稍微动动脑子，可以吗？"

（☹）"为什么不会做？是上课没有认真听吗？"

（☹）"现在你只会向我求助，考试的时候你怎么办？"

（☹）"这么简单的题，你竟然不会做？你平时上课都在干什么？"

对于大多数叛逆期的孩子来说，写作业本身就是一件很痛苦的事，再遇到一些难题，更是加深了孩子写作业的痛苦程度。在这种状态和情绪下，家长若是对孩子的求助进行说教，是很难获得孩子的认同和理解的，反而会加重孩子的叛逆情绪，使孩子更加排斥写作业，辜负家长说教的初衷。

温暖话术

（☺）"我们一起来审题吧！看看这道题都用到了哪些知识点。"

（☺）"自己先思考五分钟好不好？实在不会了，再向妈妈求助。"

（☺）"这道题不会做吗？那你得告诉妈妈具体是哪里不会，是题读不懂，还是知识点不会，这样妈妈才知道要怎么帮你。"

（☺）"你先试着自己解题，别怕做不出来或是做错了，不管结果怎么样，你都是优秀的，妈妈都是爱你的。"

　　遇到叛逆期孩子写作业不经思考就求助的时候，家长最好保持稳定的情绪，心平气和地与孩子沟通，如此，孩子的情绪才不会产生太大的波动，听进家长话语的可能性也会相对提高。这时，家长可以借助一些温暖话术来引导孩子进行独立思考，帮助孩子养成良好的学习习惯。

逃学不去上课——"你有什么重要的事情吗？"

叛逆情景再现

老师打电话说孩子没到学校，问是不是身体不舒服。家长反馈说孩子一早就去了学校，没到学校就是逃学了。而后家长立即外出寻找孩子，在学校附近的马路上看到了正在闲逛的孩子。

	说教话术	孩子的表现
	"你不在学校上课，逃课来这里做什么？"	不安、烦躁、焦虑，情绪紧张激进，反感厌恶家长，和家长对抗。
	温暖话术	孩子的表现
	"老师说你不在学校，都快把我吓死了，你有什么不开心的事情吗？"	紧张、疑惑，有点儿不知所措。

🌀 情景分析

有些叛逆期的孩子，会因为厌学、恐学而公开违反学校纪律，主动放弃学生学习的职责，选择逃学。

导致孩子逃学的常见原因有以下几点：

（1）学习负担重，学习吃力，心理疲劳。学习负担过重会给叛逆期孩子的身心增添压力，导致孩子产生疲劳心理，进而给孩子的学习心态和行动力带来负面影响，主要表现为：情绪低落、注意力不集中、思维迟缓、学习吃力等。

（2）有些家长对孩子抱有过高的期待，直接给孩子造成了很大的心理压力，促使孩子产生厌学、恐学心理。

（3）孩子缺乏学习动力和自主性，对学习不感兴趣或者兴趣低。

（4）孩子与同学相处得不好，在学校不开心。

（5）孩子对老师感到害怕或不满。

🌀 话术解读

当家长发现孩子逃学时，家长都会采用哪些话术来与孩子沟通呢？

说教话术

（😞）"你咋这么贪玩，这么不上进呢？你还逃课？太不听话了。"

（😞）"你知不知道外面很危险？万一你要是出事了，该怎么办？"

（😞）"我是你妈，我不会害你的。我让你去上学，都是为你好。"

（😞）"你为什么要逃课？成绩很好吗？"

（😞）"你基础本来就差，这一逃课，肯定又跟不上进度了！"

　　面对逃学不上课的孩子，有些家长会感到非常地焦虑、烦躁，一些过激的、带有攻击性的语言，苦口婆心劝导的话术就会脱口而出。他们试图用这些话术来劝导孩子不要逃学，要好好学习，结果常常适得其反，通常是家长越劝说，孩子越对抗。

温暖话术

（😊）"一个人在外面多危险啊，老师和同学们都很担心你。"

（ ☺ ）"可以跟妈妈说一说你为什么不想待在学校吗？"

（ ☺ ）"逃课肯定是不对的，我们一起来想想办法吧！"

（ ☺ ）"老师说你不在学校，我担心你，就找来了。不想去学校，那我们先回家吧！"

　　与其一味地给孩子强调逃学不对，批评孩子的逃课行为，或是想方设法地劝说孩子不要逃课，不如先克制好自己的情绪，给孩子抛出一个开放性的问题，缓和孩子的紧张情绪，再从孩子的回答中探寻孩子逃学的根本原因，进而有针对性地帮助孩子解决问题。

厌学情绪大——"这么讨厌上学啊！"

🍃 叛逆情景再现

孩子大声地冲着家长说："我不去上学，我讨厌上学，我再也不要去上学了。"

	说教话术	孩子的表现
	"不上学怎么可以，不上学以后会没出息的。"	情绪上愤怒、不满；言语带有攻击性，会说出"我不要您管""没出息就没出息"等激烈话语。
	温暖话术	**孩子的表现**
	"不去上学也可以，那你能告诉我你想做什么吗？"	疑惑家长怎么不生气，犹豫要不要告诉家长不想上学的真正原因。

💬 情景分析

叛逆期孩子厌学情绪大，经常表现出不想去上学、不愿写作业、不专心听课、故意扰乱课堂纪律等各种负面情绪和行为，很多家长对此感到很焦躁。

实际上，大多数孩子产生厌学情绪的原因，可以大致归纳为两种，一种是自身内在因素，一种是外在其他因素。

自身内在因素主要有：在学习上感受不到自我的价值，没有学习的意愿，学习目标不明确，自控力差，懒惰，等等。

外在因素有：家长的高期待、高焦虑，家庭关系不和睦，老师、家长的教育方法不合理，等等。

💬 话术解读

面对厌学情绪大的叛逆期孩子，家长会怎么与其沟通呢？

说教话术

（☹）"你现在已经是大孩子了，不可以这么任性的。"

（☹）"像'不想上学''不要上学'这样的话，我不想再听到你说第二遍。"

（☹）"你现在怎么变得这么不听话？"

（ ☹ ）"我花钱供你去上学，难道是在害你不成？"

（ ☹ ）现在不上学，以后你能干什么？

　　对叛逆期的孩子来说，家长带有要求、命令、责怪、埋怨等相关意义的说教话术，其实是一种心灵的伤害和无形的压力，对改善、转变孩子的厌学情绪并不能起到太大的积极作用，反而会加重孩子的厌学情绪，造成亲子间的隔阂，致使孩子更加听不进家长的话，更不想去上学。

温暖话术

（ ☺ ）"上学是你自己的事，如果你觉得可以不去，那你可以告诉妈妈你想去做其他什么事？还是什么也不做？"

（ ☺ ）"妈妈看得出来，你确实很不想去上学。你能不能告诉妈妈你为什么这么不想去上学呢？"

（ ☺ ）"来跟妈妈聊聊，你是怎么看待上学这件事的？"

（ ☺ ）"上学使你感到不开心吗？哪里不开心呢？"

想要打开叛逆期孩子的心扉，听到孩子的心声，家长需要建立开放、平等的沟通环境，话术要温暖，要尊重孩子的想法和权利，这样才能更好地促进亲子间的有效沟通，找到孩子厌学的原因，更有针对性地帮助孩子解决厌学问题。

认为上学无用——"你来制订假期出游计划吧！"

叛逆情景再现

不想去学校的孩子冲着家长喊道："上学只会占用我玩耍的时间，学的那些东西又没有用，不上学我会更快乐，你们也会更轻松。"

	说教话术	孩子的表现
	"你怎么能有这种想法呢？不上学以后你能干什么？"	更加笃信上学无用，越来越反感上学，继续反驳家长，和家长争论。
	温暖话术	孩子的表现
	"这样，你来制订今年的假期出游计划。计划要包括去哪里、怎么去、住哪儿、吃什么、需要多少预算……"	或疑惑假期出游计划怎么制订，或明确表示自己不会。

🗨 情景分析

叛逆期的孩子玩心太重，不想上学，甚至觉得读书是无用的，不愿意继续上学，很多家长为此感到既焦急又无奈。那么，究竟是哪些原因致使孩子认为上学是没有用的呢？

（1）孩子认为，上学占用了自己玩耍的时间，都是因为上学，自己才不能尽情尽兴地玩。

（2）家长在学习上给孩子施加了太大的压力，导致孩了认为上学是一种惩罚，对上学没有兴趣。

（3）家长一心只让孩子学习，不让孩子实践，致使孩子觉得所学的东西没有用处，从而认为上学无用。

（4）孩子没有找到自己感兴趣的东西，学习没有目标。

🗨 话术解读

当孩子对家长说上学无用时，家长会采取哪些话术来与孩子沟通呢？

说教话术

（ ☹ ）"谁告诉你上学无用的？胡说八道。"

（ ☹ ）"不上学你怎么考大学，不上大学以后回乡下种地吗？"

（😦）"你脑子里就只想着玩儿，等以后考不上好学校、找不到好工作，我看你后不后悔。"

（😦）"你这是听谁说的？你一天天好的不学，净学些没用的。"

有些家长在听到孩子说上学无用时，都会忍不住跟孩子唠叨一番大道理，还会利用家长的权威，强制命令孩子必须上学。唠叨大道理虽然有时会起到积极作用，但更多的会使孩子感到厌烦，变得更加叛逆。而强制命令可以把孩子送到学校，但会让孩子认为上学是家长强迫自己做的事情，自己是在为家长上学。因此，即便他们坐在了课堂上，也不过是"身在曹营心在汉"，根本不会专心听讲，也意识不到上学的意义和重要性。

温暖话术

（☺）"上学可以获得知识，有了知识你才能辨别社会上的真假，才能具备独立生活的能力。你肯定不想以后被别人欺骗吧！那就要好好读书。"

（☺）"你是甘愿做一个什么也不懂的人，还是想成为一个学识渊博令人敬佩的人呢？我想，我们应该选择后者。"

（☺）"读书的用处可大了，你可以用学到的知识帮助爸爸
　　妈妈呀！比如，制订一个出游计划，这可要用到很
　　多知识呢。"

实践是让孩子意识到要为自己上学的最好途径。当孩子能够把所学到的知识应用到现实生活中时，他能切身感受到知识的力量，会自觉地尊重知识、肯定知识和重视知识，从而自愿自觉地去读书，而读书无用的想法也会相应地弱化，直至消除。

当孩子出现嫉妒别人、给他人取不雅绰号、打架、以貌取人、盲目攀比的社交叛逆行为时，你是对孩子大吼大叫？还是指着孩子不停地说教唠叨？抑或是用孩子不抵触的温暖话术积极引导呢？

过度嫉妒——"我觉得你也很优秀啊！"

🏷 叛逆情景再现

孩子考试成绩出来了，同桌考得比他好，还得到了老师的夸奖，孩子为此感到很气愤，还说以后都不跟同桌玩了。

	说教话术	孩子的表现
	"人家考得比你好，你就向人家学习嘛！做人要大度一点儿！"	委屈，不愿听家长的话，比原先更加气愤。
	温暖话术	孩子的表现
	"每个人都有自己的优点，何况一次成绩也说明不了什么，妈妈相信你能行。"	怀疑，不相信家长的话，追问家长自己都有哪些优点。

🌰 情景分析

　　嫉妒其实是一种常见的心理状态，凡是拥有自我意识的孩子，都会有意无意地拿自己去跟他人做比较，这本来是无可厚非的。但是，有些孩子，尤其是叛逆期的孩子，他们的嫉妒是带有仇恨、埋怨和敌意的，属于过度嫉妒。这对他们的学习、社交和生活都是不利的，而且会危害他们的身心健康，具体主要表现在以下三个方面：

　　（1）负面情绪过多，心理不平衡，性格扭曲。

　　（2）心生埋怨，带有攻击性，难以融入集体，可能会故意做出伤害他人的行为。

　　（3）自我价值感低下，极度自卑。

🌰 话术解读

　　在遇到叛逆期孩子过度嫉妒的情况时，有些家长会用说教话术，对孩子进行一番说教；有些家长则会用温暖话术来帮助孩子建立自我价值感，引导孩子去接纳自己和他人。下面就两种话术简单列举几个例子。

说教话术

（😞）"难道你不跟人家玩儿，人家成绩就没你好了？老师就不表扬他了？幼稚，人家还不一定想跟你玩儿呢！"

（😞）"你也太小气了！同桌取得好成绩，还得到了老师的表扬，你应该为他高兴，还要以他为榜样，向他看齐，这样才对。"

（😞）"你在这里生气管啥用啊？有本事你超过人家，也让老师表扬表扬你。"

（😞）"谁让你平时不好好努力，这会儿知道嫉妒了，已经晚了！"

（😞）"都这么大的人了，还这么小心眼儿！取长补短懂不懂？你要学习他人的长处补足自己的短板。"

　　叛逆期的孩子一旦出现过度嫉妒的情况，必然会带有强烈的负面情绪，并对嫉妒对象怀有敌意和怨恨心理，而家长的说教话术经常会加深这种敌意和怨恨，甚至会让孩子产生"爸妈不爱我"的想法，进而变得更加叛逆和极端，更容易出现心理问题，变成嫉妒型人格的可能性也更大。

温暖话术

(☺)"试着用敬佩的眼光去看你的同桌，你或许也会开
　　　心呢！"

(☺)"跟妈妈讲讲你现在的感受吧！"

(☺)"每个人都有自己的优点，不妨现在来说说你有哪些
　　　优点吧！"

(☺)"跟优秀的人在一起，你也会变得优秀，妈妈相
　　　信你。"

家长无法做到不让叛逆期的孩子产生嫉妒心理，但可以帮助孩子减弱嫉妒、消化嫉妒，促进孩子心理健康成长。温暖话术可以引导孩子减弱嫉妒，给孩子提供消化嫉妒的方法；可以打开孩子的心扉，让孩子主动说出自己对嫉妒的想法和感受；最重要的是，温暖话术可以让孩子感受到家长对自己的爱和信任，可以给孩子足够的安全感和自信心，让孩子更加自信、乐观，这样的孩子是不会轻易变成嫉妒型人格的。

取不雅绰号——"如果别人这么叫你，你什么感受？"

叛逆情景再现

学校门口，接孩子放学的妈妈看见自家孩子带着几个小伙伴冲着一个低头快走的孩子喊不雅名字，几个人一边喊，一边大笑。家长一问，才知道是自家孩子给同学取的不雅绰号。

	说教话术	孩子的表现
	"你干吗那么叫人家啊？多难听，人家会难过的。"	嫌家长多管闲事，不屑跟家长沟通。
	温暖话术	孩子的表现
	"如果别人也给你取不雅绰号，然后大家都叫你的绰号，你什么感受？"	嘴上表示没人敢给自己取不雅绰号，心里却在进行自我反思。

情景分析

有些叛逆期的孩子，会以他人的外貌特征、姓名等为基础，故意给他人取不雅绰号，还不分场合地随意大喊他人的绰号，并以引发众人的欢笑声为荣。殊不知，这种故意给他人取不雅绰号、不分场合大喊他人绰号的行为，是不尊重他人、侵犯他人人格尊严的行为表现。

叛逆期的孩子之所以会给他人取不雅绰号，主要原因有以下三点：

（1）通过不雅绰号的方式来嘲笑、贬低对方，以在众人面前展示自己的优越感。

（2）孩子不懂得尊重他人，喜欢歧视、伤害他人。

（3）孩子通过给他人取不雅绰号来获取其他小伙伴的关注和认可。

话术解读

孩子能否意识到取不雅绰号会给他人带来负面影响，主要在于家长怎么与孩子沟通。家长的话术关系着孩子对取不雅绰号行为的看法和做法。那么，家长在听到自家孩子给他人取不雅绰号并不分场合大喊他人绰号时，都会使用哪些话术来与孩子沟通呢？

说教话术

(:( ) "你这孩子，怎么给人乱起绰号呢？是不是想找
打了？"

(:( ) "给别人取不雅绰号的孩子都不是好孩子。"

(:( ) "人家招你惹你了？你干吗要这么欺负人家？好的不
学净学坏的。"

(:( ) "学习不认真，乱给人家取绰号就这么认真？"

诚然，叛逆期孩子给他人取不雅绰号，是对他人的侮辱、嘲讽
和不尊重。但是，家长若直接使用说教话术要求孩子不要乱给他人
取绰号，或是对孩子进行指责批评，成效必定微乎其微，反而常常
会引起孩子的反感和叛逆，致使孩子不想与家长沟通。

温暖话术

(:)) "我觉得你取的这个绰号过于刺耳了。我这么叫你，
你肯定不愿意。将心比心，那个被你取绰号的孩子
肯定也不开心。你觉得呢？"

(:)) "严格来说，给别人取不雅绰号的行为侵犯了他人的
人格尊严权，是违法行为，下次不要再给别人取不

> 雅绰号了！"
>
> (☺)"你给同学取不雅绰号，表面上看你得到了其他同学的附和，但实际上，其他同学对你也有了防备心理，也会害怕被你取不雅绰号。你说是不是？"

　　家长用孩子不抵触的温暖话术动之以情、晓之以理地告诉孩子给他人取不雅绰号带来的危害和取不雅绰号这件事的严重性，要比一味地用说教话术要求孩子不给他人取不雅绰号，或批评孩子给他人取不雅绰号的方式更容易被叛逆期的孩子接受，更容易让孩子认识到取不雅绰号带来的严重不良影响，进而才可能自发地改掉给他人取不雅绰号的习惯。

和同学打架——"打架不能解决问题啊！"

叛逆情景再现

孩子总和同学打架，家长多次被老师请到学校。这次回家后，家长准备好好教育教育孩子。

	说教话术	孩子的表现
	"你就不能让我们省点儿心吗？一天天地净给我们惹事。"	一副"我打架我没错"的样子，不耐烦，不想听家长的唠叨。
	温暖话术	孩子的表现
	"有没有受伤啊？跟我说说因为什么事动手，我给你们评评理。"	态度冷静，反抗、抵触情绪减弱。

🗨 情景分析

叛逆期的孩子大多都喜欢表现自我，渴望被关注。打架是叛逆期孩子获取他人关注、表现自我的一种比较典型的形式。叛逆期孩子总和同学打架的原因，主要有以下四种：

（1）孩子对打架存在错误的认知。有些叛逆期的孩子误以为打架厉害就代表自己很厉害，就能获得其他同学的关注和羡慕，进而盲目放大打架的作用。

（2）除了打架，孩子不知道其他可以解决问题的方法。打架是孩子知道的唯一一种解决冲突和问题的方法。因此，当孩子遇到冲突和问题时，他们首先选择的就是打架。

（3）孩子自控能力差，行为偏激。有些孩子在遇到冲突和问题时，容易冲动，经常会因为控制不住情绪而选择打架。

（4）受家长的负面影响。有些家长在平时遇到问题时，会当着孩子的面采用暴力的方式解决问题，孩子有样学样，也会选择用暴力方式解决问题。

🗨 话术解读

在得知孩子总是和同学打架时，家长会对孩子说些什么呢？会用什么话术来与孩子沟通呢？

说教话术

(:( ) "才多大点儿事啊！至于动手打架吗？要是打伤了人怎么办？"

(:( ) "天天跟你说不要打架、不要打架，你怎么就听不进去呢？耳朵长着干吗？"

(:( ) "在学校不专心学习，就会打架。"

(:( ) "好的不学，打架倒是学得快，你就不怕被人打残吗？"

　　有些家长习惯在孩子面前摆出高高在上的家长姿态，喜欢站在自己的角度，以自己固有的经验、观念来指点孩子的行为或者指责、质问孩子。就拿孩子打架来说，这些家长习惯给孩子强调打架不对、不能打架，或是埋怨孩子打架，质问孩子为何要打架。即便这些话都是出于对孩子的关心，都是为了孩子好，但是，这些没有建立在平等沟通条件下的话术，终究无法拉近亲子关系，反而会让孩子觉得家长啰唆、唠叨，对家长感到厌烦，变得更加叛逆。

温暖话术

（☺）"我知道你不是故意要打架的，你也不想看到事情发展成现在这样。但是，打架不也没有解决问题吗？"

（☺）"或许你只是因为一时没控制住自己才动了手，但是事情已经发生了，接下来认真反省，可以做到吗？"

（☺）"打架是一种暴力的行为，参与打架的人都可能会受到伤害。我不想看到你被别人伤害，也不想你伤害别人，我希望你以后能够选择更友好、更理智的方式去处理问题。"

（☺）"我想跟你探讨一下，这件事除了用打架解决以外，还有哪些可行的解决方法呢？"

使用温暖话术需要建立在亲子平等的基础上，家长要主动创建一个平等、开放的探讨问题的氛围，要积极引导孩子主动思考打架这件事情，拓宽孩子解决问题的思路，帮助孩子更理性、更友好地去解决问题。

以貌取人——"你要试着去发现对方的美"

叛逆情景再现

孩子班上有一个脸上有疤的同学，老师跟家长反馈说，孩子经常在这个同学面前高唱《丑八怪》，把同学给弄哭了。

	说教话术	孩子的表现
	"你凭什么说人家是丑八怪，你自己长得很好看吗？"	否认，坚持说自己只是在唱歌，是同学自己对号入座，还埋怨家长不分青红皂白就冤枉人。
	温暖话术	孩子的表现
	"弄哭同学说明你已经把同学伤害了。你不妨换位思考一下，如果你脸上有疤被同学嘲笑，你什么感受？"	自知理亏，不言语，主动换位思考。

🗨 情景分析

以貌取人并不是大人的专属，孩子也会，尤其是正处于叛逆期的孩子。这些孩子在社交过程中，大多会直观地遵从自己的视觉印象，不只是看脸是否好看，还会看身材的胖瘦、个子的高矮、身体的缺陷等。他们会故意嘲笑那些不符合他们视觉审美的孩子，给那些孩子的身心造成了极大的伤害。

以貌取人是不分年龄和地域的。但是，不管是在哪个地域，不论是大人还是孩子，以貌取人都很容易使人先入为主地代入偏见，导致一叶障目，看不到对方的优势，以致错误地给对方贴恶意标签，故意贬低他人。这不仅会伤害他人，也会给自己的人际关系带来负面影响。

🗨 话术解读

当家长发现孩子在社交过程中存在以貌取人的行为时，会采取哪些话术来与孩子沟通呢？

说教话术

（☹）"你不能以貌取人，那是非常不礼貌的。"

（☹）"你这样做很讨人嫌的，容易没朋友。"

(☹)"我们要用心去认识别人，以貌取人只能说明你肤浅。"

(☹)"仅仅是因为人家长得不符合你的审美，你就取笑别人，我看你这书算是白读了。"

有些家长得知孩子在学校以貌取人时，常常会借助说教话术告诉孩子：以貌取人不礼貌，心灵美才是真的美，以貌取人讨人嫌，甚至会指责孩子肤浅、嘲笑孩子等。然而，这些说教话术经常会引起孩子的反感和叛逆，无法起到正面管教的作用，有时反而会增加孩子的戾气。

温暖话术

(☺)"要学会感同身受，如果你是那个脸上有疤的孩子，别人对着你唱《丑八怪》，你什么感受？"

(☺)"我们要有一双欣赏美、发现美的眼睛。其实，每个人都是独一无二、与众不同的。我们要试着去发现对方的美，你说呢？"

(☺)"爱美之心，人皆有之，但我们不能把对美的需求建立在对他人的伤害上。这样会给别人造成很大的心理压力，我希望你能主动跟同学道歉。"

　　对于孩子来说，不礼貌、心灵美、用心去交往等都是比较抽象的，家长用这些话术跟孩子沟通，是很难引起孩子的共鸣的。家长不妨转化一下沟通话术，借助一些孩子不抵触的温暖话术来引导孩子换位思考，告诉孩子以貌取人的坏处，化抽象为孩子能看到、能理解的具象，慢慢帮助孩子正确看待和接受别人。

盲目攀比——"你可以自己攒钱自己买！"

🗨 叛逆情景再现

"我们班同学都有，我为什么不能有？"孩子在商场门口大声地对家长喊道，一副特别生气的样子。

	说教话术	孩子的表现
	"爸妈挣钱不容易，你要懂事，不是最需要的东西就不要买了，要听话！"	一副"我不管"的神态，坚持要买，会以"这个东西我最需要"来和家长抗议。
	温暖话术	孩子的表现
	"看得出来你真的很想拥有它！要不我们回家后，看看你的零花钱够不够，再来买？"	情绪因家长没有反对而稍有缓和，有的会抱怨攒钱的时间太久，有的会主动与家长商量解决方法。

🌙 情景分析

在日常生活中，家长常常会遇到这样的叛逆情形：孩子常常以"我们班同学都有，我也要有"的理由，要求家长购买那些孩子暂时用不着或者并不实用的物品，这些物品可能是学习用品，也可能是生活用品。这其实是孩子盲目攀比的一种表现。

大多数情况下，导致孩子盲目攀比的原因主要有以下三点：

（1）为了满足自己的欲望和虚荣心。抱着这种目的去攀比的孩子，大多都喜欢比较，想从攀比中获得优越感和自信心。

（2）害怕自己和其他同学不一样，盲目跟风。有些孩子为了能和其他同学建立更多的共同点，从而获得集体的认可，经常会出现"同学有什么，他就要买什么"的心理和要求。

（3）受到家长的影响。家长自己也爱攀比，有的家长还经常在孩子面前称赞别人家的孩子，经常把自家孩子和别人家的孩子放在一起比较，孩子有样学样，无形中也学会了盲目攀比。

🌙 话术解读

盲目攀比是一种不良的生活习惯。那么，家长发现孩子存在盲目攀比的情况时，都会使用哪些话术来与孩子沟通呢？

说教话术

(😞)"这东西你又用不着，买来做什么？这不是浪费钱
　　　吗？不买。"

(😞)"同学有你就要买啊？那同学有好成绩，你怎么
　　　没有？好的你不比，整天就知道比吃、比穿、
　　　比用。"

(😞)"天天就知道买，一点儿也不听话。我没钱，你自己
　　　赚钱买。"

(😞)"我看想买东西是假，买来炫耀是真吧！小小年纪就
　　　这么虚荣，长大了还了得？"

　　遇到孩子盲目攀比的情况时，有些家长会采用说教话术对孩子
进行一番说教和指责。然而，这种方式常常会把孩子推向叛逆的极
端，不仅不能打消孩子的购买欲望，反而会制造亲子间的隔阂，致
使亲子沟通受阻，对孩子的身心健康十分不利。

温暖话术

(🙂)"我知道你想通过这个东西向同学们证明你和他们是
　　　一样的，是为了更好地融入集体。但是，每个同学

拥有的东西都不一样，咱不能都买，咱得买适合自己的，你觉得呢？"

(☺) "我不给你买，并不代表我不爱你。我只是觉得这件东西对你来说并没有那么重要。你好好想一想，你真的需要它吗？"

(☺) "这个东西看起来很好，不过我们要考虑一下是不是真的必要，毕竟爸爸妈妈的收入也是有限的，我们应该把钱用在刀刃上，对不对？"

　　那些理解孩子，而且能够正确看待孩子攀比心理的家长，大多不会轻易指责孩子盲目攀比的行为。他们懂得借助孩子不抵触的温暖话术，在关爱和理解中拒绝孩子的要求；他们还知道不能助长孩子的盲目攀比心理，懂得积极引导孩子明白哪些东西必须要买、哪些东西可以不买，借助温暖话术轻松化解孩子的攀比行为。

品格，关系孩子的一生。乐于助人、宽容谦让、不怕挫折、勇于担责、说话算话都是孩子一生最珍贵的品格。那么，当孩子在这些方面表现出叛逆时，家长会用哪些话术来与孩子沟通呢？这些话术会给孩子带来哪些品格上的影响呢？

不愿帮助他人——"你希望别人这样对你吗？"

叛逆情景再现

孩子的同桌生病没去上学，同桌的妈妈给孩子的家长发微信询问今天的作业。当家长向孩子传达同桌妈妈的询问时，孩子答道："他之前弄坏了我的自动铅笔，我才不要告诉他作业是什么。"

	说教话术	孩子的表现
	"你就这么小肚鸡肠吗？赶紧告诉我作业是什么，人家家长还等着回复呢！"	想起更多不好的记忆，对同桌的印象越来越差，态度也更差。
	温暖话术	孩子的表现
	"那事人家已经给你道过歉啦！你要大度一点儿。你想想，如果今天是你没去学校，是你要问作业，你希望对方也用你现在的态度对待你吗？"	语势明显减弱，主动反思。

情景分析

有些叛逆期的孩子在对待同伴时，态度很冷漠，常常摆出一副"事不关己，高高挂起"的样子，面对同伴的困境和需求，他们大多毫无反应，没有表现出一点儿要去关心和帮助同伴的样子，有的甚至还会拒绝他人的求助。

事实上，导致孩子漠视他人的困境和挫折的原因有很多，常见的有以下三点：

（1）孩子讨厌求助的人。很多叛逆期的孩子心思很单纯，总是情绪化地对待事情。遇到讨厌的人向自己求助时，他们会表现得很冷漠。

（2）以自我为中心，不知道也不懂得关心别人。有些孩子在家里很受优待，被亲人捧在手心里宠爱，衣来伸手，饭来张口，故而养成了以自我为中心，全世界都应该围着自己转的价值观，完全不懂得关心别人，更不懂得如何帮助别人。

（3）自私。只有在自己需要帮助的时候才会想到别人，平时只会抱着"事不关己，高高挂起"的态度对待别人。

话术解读

面对不愿帮助别人，总是一副"事不关己，高高挂起"态度的孩子，家长要采用什么话术同孩子沟通呢？

说教话术

(☹) "做人不能这么小气的，谁还能一辈子不求人呢？说
　　　不定下次求人帮忙的就是你了。"

(☹) "难怪你都没几个朋友，你看看你这种态度，多恶劣
　　　啊，谁会跟你这样的人交朋友？"

(☹) "你帮帮别人又不会缺条胳膊少条腿，至于这么小心
　　　眼吗？"

　　上述这些说教话术，其实是家长站在了世故的角度，过度放
大了孩子不帮助别人的危害，夸大了孩子的态度，而且还给孩子贴
了负面标签，这会严重影响孩子的身心健康，极易引发孩子的逆反
心理。其实，孩子的世界并没有掺杂那么多人情世故，家长只需要
就事论事，客观阐述问题，尊重并科学引导孩子即可，不必强制要
求孩子必须给别人提供帮助，也无须过度指责孩子不愿帮助他人的
行为。

温暖话术

(☺) "在你需要帮助的时候，你肯定不希望没有人帮你，
　　　对不对？"

（☺）"人们都说帮助别人是件好事，你知道好在哪儿吗？"

（☺）"助人为乐是中华民族的传统美德，你作为新时代的接班人，可不能拖后腿哟！是时候展现你助人为乐的美德啦！"

（☺）"帮人帮己，你帮助你的同伴，你的同伴开心，你也开心，这样你就能收获双倍的开心。你肯定不会拒绝开心的，是吧？"

叛逆期的孩子也渴望得到肯定和认可。当孩子不愿意帮助他人，总是一副"事不关己，高高挂起"的态度时，家长可以借助温暖话术引导孩子换位思考，或者让孩子明白帮助他人的好处和意义，这远比简单粗暴地用说教话术去否定和指责孩子更易削弱孩子的叛逆心理，更能让孩子明白"我为什么要帮助他人"。

待人不宽容——"你这样有失气度啊！"

叛逆情景再现

老师向家长反映，课间休息时，一同学不小心碰翻了孩子的新文具盒，孩子特别生气，拿起同学的文具盒、书本就往地上扔。事后，同学给孩子道歉，但孩子没有接受。

	说教话术	孩子的表现
	"人家已经给你道歉了，你还想咋样？再说了，你不是也把人家的文具盒、书本都扔地上了吗？还不解恨啊？"	伤心、仇恨、委屈的情绪交织着，认为家长并不关心自己。
	温暖话术	孩子的表现
	"你还好吗？我知道你很难过，但是你这样有失气度啊！而且还会伤害同学之间的友谊。你觉得呢？"	冷静，质疑家长的话，向家长表述自己的心情。

💬 情景分析

有些叛逆期的孩子待人很不宽容。他们固执，总认为自己是对的，别人是错的，而且不容易原谅他人的过失。因此，当他们在学校和同学发生摩擦时，他们会固执地认为自己没有错，都是同学的错，且不愿意接受同学的道歉。

孩子待人不宽容的原因主要有两点：

（1）效仿大人。家长待人处世不宽容，平时过于计较自己的得失，喜欢记仇，爱指责他人，无形中给孩子树立了不好的榜样。

（2）家长没有给孩子提供一个宽容的生活环境。有些家长对孩子有着过高的要求和期待，会过度指责孩子的过错和不足。在这样的环境中，孩子很难学会宽容别人的错误和不足。

💬 话术解读

家长在遇到叛逆期孩子待人不宽容的情形时，会使用哪些话术来与孩子沟通呢？这些话术会对待人不宽容的叛逆期孩子产生什么样的影响呢？

说教话术

(☹) "你也太小气了，做人得大度一点儿。"

(☹) "你太固执、太自私了，完全看不到自己的过错啊！"

(☹) "得饶人处且饶人，再说了，人家又不是故意的，不要这么斤斤计较，这样可不是好孩子。"

(☹) "严于律己，宽以待人。人家都道歉了，你还端着个架子，好像你自己没有错一样。"

对于叛逆期的孩子来说，上面这些说教话术无异于火上浇油，会使原本就伤心难过的孩子感觉到委屈，从而情绪化地得出家长一点儿都不关心自己的结论，会拉大亲子距离，无形中增强了孩子的逆反心理。

温暖话术

(☺) "你看起来还很难过呢！你同学肯定也跟你一样，能跟我说说你的想法吗？"

(☺) "我知道你很喜欢你的新文具盒，同学不小心撞翻了，你很生气。但是，你扔同学的东西，也是不对的。我希望你能好好想想，最好能为自己的行为道歉。"

（☺）"一个文具盒再新也会用旧，这跟你和同学之间的友谊比起来，是不是就没那么重要了。我希望你们能重归于好，好好珍惜同学之间的缘分和友谊。"

（☺）"我尊重你的决定。我想告诉你的是，每个人都有优点和不足，懂得宽容待人，接纳别人的不足，我们才会拥有更多的朋友。"

　　家长都希望叛逆期孩子能够宽容一些，他们想培养孩子宽容谦让的品格，却又不知道该如何与孩子沟通。这时，家长可以试试温暖话术，引导孩子学会冷静，而后在尊重孩子、不给孩子贴负面标签的基础上，客观地陈述事实、发表见解，让孩子主动反思，做出改变。

抗挫能力差——"平常心对待就好"

💬 **叛逆情景再现**

孩子考试成绩出来了，每个科目都有所下降，尤其是数学下降得最多，那可是孩子最擅长、最喜欢的科目。孩子为此深受打击，情绪也很低落，还说考这么差很丢人，不愿意再去学校了。

	说教话术	孩子的表现
	"多大点儿事儿！这次没考好，下次认真点儿就行了。"	冷漠、难过、失望，抱怨家长一点儿都不理解自己，更加反感学习。
	温暖话术	孩子的表现
	"我知道你平时很努力，继续保持状态就好！下次成绩就回来了。"	得到肯定，情绪渐渐稳定，重获信心。

🌀 情景分析

在每一个孩子成长的道路上，挫折从来都不会缺席。对抗挫折，是每个孩子的必修课。有些叛逆期的孩子，抗挫能力比较差，经常会因为一点儿挫折而沮丧、焦虑、情绪低落，比如一次考试考差了、一次比赛输了、课上被批评了等。

大多数情况下，孩子抗挫能力差的主要原因有两个：

（1）受外在环境的影响。比如家长过多地干涉孩子的生活、学习，经常替孩子解决麻烦，久而久之，孩子一遇到麻烦，就习惯性地躲在家长身后。

（2）受内在因素的局限。比如，孩子的心理承受能力、排解不良情绪的能力、自我恢复能力以及处理挫折的能力等都是有限的。

🌀 话术解读

当孩子因为挫折而情绪低落，展现出抗挫能力差的一面时，家长会采取哪些话术来与孩子进行沟通呢？

说教话术

（☹）"你遇到一点儿小事就颓丧成这个样子，以后遇到大风大浪可咋办？我们又不可能一直陪在你身边。"

（☹️）"不听老人言，吃亏在眼前。你当初要是好好听我
的，好好用功学习，现在也不会这样。以后我说的
话你要听，我又不会害你。"

（☹️）"你这点儿小困难算什么，跟我小时候比，你现在多
幸福啊，你这就是缺少训练，吃不了苦。"

（☹️）"你瞧瞧你现在的样子，一点儿活力、朝气都没有，
不知道的还以为我们大人欺负你了呢！"

有些家长在看到叛逆期孩子遭受挫折、情绪低落时，就会趁机
对孩子进行一番教育。这种时候，他们大多会端着家长架子，用说
教话术苦口婆心地给孩子讲各种老生常谈的大道理。然而，大多数
时候，家长的这番苦心只会让孩子感到厌烦，孩子不愿听也听不进
去，而逆反心理会导致孩子的言行举止更加叛逆。

温暖话术

（☺️）"不要不开心啦！爸爸妈妈都很爱你，看你不开心，
爸爸妈妈也不开心。好了，让不开心到此结束吧，
我们一起来看看以后要怎么调整状态和方法吧！"

（☺️）"其实，在成长的道路上，你会遇到许许多多、大大
小小的挫折，你要学会在挫折中调整自己，让自己

变得更加强大。"

（☺）"需要我给你一个拥抱吗？我知道你想把所有事情都做到完美，但是宝贝，那是不可能的，没有人可以做到。所以，我们要学会接受不完美，以平常心面对各种挫折。"

其实，抗挫能力差的叛逆期孩子，在遇到挫折时，最需要的就是家长的理解、鼓励和关爱。温暖话术可以向孩子传达理解和关爱，可以稳定孩子沮丧、低落的负面情绪，缓和孩子的叛逆心理，还可以引导孩子积极面对挫折，增强孩子的自信心。因此，当孩子出现抗挫能力差、情绪低落时，家长不妨试着用温暖话术与孩子沟通。

没有责任心——"我希望你能主动承担责任"

🗨 **叛逆情景再现**

孩子不小心打碎了杯子，一边大喊着让家长赶紧处理杯子碎片，一边埋怨家长没把杯子放好，把自己吓了一跳。

	说教话术	孩子的表现
	"是你自己不小心，还怪我没有把杯子放好，你要是离杯子远一点儿，杯子又怎么会碎呢？"	反抗，和家长顶嘴，一口咬定此事与自己无关，意识不到自己的责任，继续抱怨。
	温暖话术	**孩子的表现**
	"杯子已经碎了，谁错谁对先不讨论，我们还是先把杯子碎片处理一下，以免伤到人。"	逆反情绪被转移，大多会以"我又不会收拾"来回应家长。

🍂 情景分析

把责任推卸给别人，是很多叛逆期孩子身上经常会出现的一种不好的行为习惯。这些孩子在犯错误时，首先想到的是怎么推卸责任，他们通常不会主动从自己身上找责任，总是给人一种不负责任、毫无责任心、综合素养低下的印象。

综合分析孩子没有责任心的原因，可知最常见的有以下三点：

（1）孩子没有自主选择的机会。无论是在孩子的学习上，还是饮食起居、生活习惯上，有些家长都习惯性地横插一手，完全不给孩子自主选择的机会，直接导致了孩子不愿负责，也不想负责的陋习。

（2）付出没有得到尊重。当孩子主动承担自己的事情时，有些家长经常对孩子指手画脚，这也不满意，那也不满意，一点儿都不尊重孩子的付出。久而久之，孩子干脆当甩手掌柜，将本属于自己的事情全都让给家长，致使自理能力得不到锻炼，责任心也因此受到限制。

（3）害怕被批评。有些家长见不得，也不允许孩子犯错误，一旦孩子犯错，便不问缘由地指责、打骂孩子，给孩子造成了很大的心理阴影，从而不敢主动承担责任。

🗨 **话术解读**

当孩子遇到事情表现得没有责任心，一味推卸责任时，家长会用哪些话术来与孩子沟通呢？

说教话术

(😞) "你这孩子怎么这样啊？一点儿责任心都没有，明明是你自己不小心打碎了杯子，怎么还赖别人呢？"

(😞) "你自己不会小心一点儿吗？长眼睛干啥用的？那么大的杯子在那儿，你看不见吗？你敢说这不是你的责任？"

(😞) "杯子没放好，你不会自己把杯子放好吗？杯子碎了，你不会收拾碎片吗？还等着谁来替你收拾呢？"

(😞) "遇到事情就知道推卸责任，一点儿担当都没有，你这样将来能有什么出息？"

上面这些或指责、或批评的父母话术，都可以归属为"说教话术"。指责、批评类话术，会使原本就叛逆的孩子变得更加叛逆，也会降低孩子的自信心，让孩子认为自己不好，更加自暴自弃，不利于培养孩子的责任意识。

温暖话术

（☺）"你还好吧？我知道你不是故意要打碎杯子的，但不管怎么说，杯子都是你不小心打碎的，我希望你能担负起责任，尽快把这些碎片收拾干净。我相信，你一定会处理得很好的。"

（☺）"其实，杯子碎了没有关系，但是，看到你一直在推脱责任，我很难过，我不希望你是一个逃避责任的人。"

（☺）"先不要生气，我没有要责怪你。现在我们来讨论一下，以后要如何避免这种事情再发生。"

在孩子责任心还不是很强，遇到事情总想着撇清关系，不想也不愿意承担责任时，家长可以试着用一些温暖话术，慢慢引导孩子认识责任，给孩子机会去了解责任，耐心地积极引导孩子的叛逆情绪，帮助孩子树立责任意识。

说话不算话——"我们家宝贝最守信用啦!"

叛逆情景再现

孩子答应家长晚上10点会去睡觉,可是到了10点,家长叫孩子去睡觉时,孩子却很不高兴,眼睛一直盯着电视,一点儿都没有要去睡觉的意思。

	说教话术	孩子的表现
	"你已经答应过我10点去睡觉,你得说话算话。现在已经10点了,赶紧去睡觉。"	很不高兴、大吼大叫、又哭又闹,和家长对着干。
	温暖话术	孩子的表现
	"我们家宝贝最守信用啦!说好的10点睡觉,肯定就10点睡觉,对不对?"	非常不舍地关掉电视去睡觉。

情景分析

叛逆期孩子出尔反尔、说话不算话的习惯，其实是一种不守信用、说到做不到的不好品质，在家容易激发亲子矛盾，在外会影响孩子的人际关系。于内于外，都不利于孩子身心的健康成长。

造成孩子说话不算话的原因有很多，常见的有以下四点：

（1）家长带头说话不算话。有些家长经常信口开河，乱给孩子承诺，却不兑现承诺，也不给孩子一个合理的解释。久而久之，孩子有样学样，也说话不算话。

（2）孩子注意力涣散，记不住事情，经常忘了答应好别人的事情。

（3）孩子做事没有轻重缓急，不会管理时间，经常是答应了别人，却又被各种事物缠住，分不开身，不得不食言。

（4）孩子对承诺没有敬畏的心理，觉得守不守信用都无所谓，有些孩子压根就不明白为什么要说话算话。

话术解读

在遇到孩子说话不算话时，家长们会用哪些话术来与孩子沟通呢？

说教话术

（☹）"你这也太不讲信用了吧！之前答应得好好的，怎么
　　这会儿变卦了呢？"

（☹）"你怎么还说话不算话呢？你要是这样的话，我以后
　　就再也不相信你说的话了。"

（☹）"我发现你真的是一点儿自觉性都没有啊，说到就要
　　做到啊，做不到就别说。"

（☹）"咱不是说好了吗？做人要诚实守信，要说话算
　　话，这样以后才能在社会上立足，才能获得他人的
　　尊重。"

在遇到叛逆期的孩子说话不算话时，有的家长会使用说教话术跟孩子沟通。他们或责怪孩子不守信用，轻易给孩子贴上"说话不算话""不讲信用""没有自觉性"等负面标签，或给孩子讲一些很遥远、很空洞的大道理。然而，对于叛逆期的孩子来说，责怪也好，讲大道理也罢，都很难产生情感上的共鸣，反倒会加重逆反心理，不想再听家长的话，变得更加叛逆。

温暖话术

(☺) "你想想，如果妈妈答应你一件事情，但是妈妈说话不算话，答应你的事情没有做到，也没给你任何解释，还给你脸色看，对你发脾气，你心里会是什么滋味？"

(☺) "这件事是你自己答应的，没有人强迫你。自己答应的事情却做不到，就是说话不算话，这样的人大家都不会喜欢的。你希望大家都不喜欢你吗？"

(☺) "你还记得你之前做的承诺吗？我知道你一直都是说话算话的好孩子，所以老师、同学们都很信任你，我相信你这次肯定也能说到做到。"

遇到叛逆期的孩子说话不算话，聪明的家长并不会用说教话术去指责、批评孩子，或是贴负面标签、讲大道理，他们会根据孩子的心理特点，提醒并鼓励孩子要说话算话，积极引导孩子认识说话算话在社交、生活中的重要意义，努力培养孩子说到做到的好习惯，做一个说到做到的人。

孩子的叛逆心理、叛逆情绪和叛逆行为能否得到正确的指导，关键在于家长能否积极接纳孩子的叛逆。那么，家长可以从哪些方面去试着接纳孩子的叛逆呢？接纳孩子的叛逆与不接纳孩子的叛逆的家长又分别会使用什么样的话术与孩子沟通呢？

以参与者的身份，积极倾听孩子

叛逆情景再现

孩子将试卷"啪"的一声拍在家长面前的桌子上，非常生气地对家长抱怨道："老师这次出的题都超纲了，我们都没学过，怎么可能考得好？都没学过，为什么要考？真不知道老师是怎么想的，太让人生气了……"

	说教话术	孩子的表现
	"你自己没考好，还怪老师，我看你就是给自己找借口。"	心烦，抱怨家长没有认真听或者指责家长什么都不知道。
	温暖话术	孩子的表现
	"看得出来，你现在确实很生气。不过，所有人做的都是一样的试卷，不是吗？"	感受到家长在听自己的诉说，继续向家长倾诉，不悦情绪得到缓解。

情景分析

叛逆期的孩子情绪不稳定，脾气冲，言语也冲，这些都直接导致很多家长无法保持平和的心态，并以参与者的身份耐心地与孩子沟通，无法做到很好地倾听。

当一个家长不能很好地倾听叛逆期的孩子时，他们会有以下五种表现：

（1）大声打断孩子，不停地教导孩子。

（2）急着否定孩子、批评孩子。

（3）不看孩子，继续忙自己的事。

（4）不搭话，只是让孩子自己说，不同孩子交流。

（5）没耐心，孩子没说几句，就着急地问孩子有没有说完或催促孩子快点儿讲。

话术解读

在倾听叛逆期孩子的过程中，家长们会采取哪些话术来回应孩子呢？这些话术会对孩子产生什么影响呢？

说教话术

(☹)"行啦！这件事你都说多少遍了，你不嫌烦我还嫌
烦呢！"

(☹)"你怎么总是这么顽固呢？唉，真不知道你什么时候
才能懂事，让我少操点儿心。"

(☹)"你说的这些对谁都一样，我怎么没看到别人发牢
骚呢？"

(☹)"抱怨能解决问题吗？还不如赶紧去学习，多学一点
儿知识。"

有些家长是不信任孩子的，在他们看来，孩子就是孩子，是很
多事情都不会、没有独立人格、不能自主思考的人。面对孩子的倾
诉，他们总是高高在上，摆出家长的权威，用各种说教话术对孩子
表达不满，还会习惯性地给孩子贴上"叛逆""不听话"等标签，
他们自认为这是为孩子好，是在关心孩子，殊不知，这种倾听方
式、话术语言无法让家长感受到孩子真正的情绪，因此也很难帮助
他们与孩子建立亲密关系。

温暖话术

(☺)"超纲这个问题咱们先不讨论了，不如现在我来教
      你，看你学不学得会，怎么样？"

(☺)"从你的话语中，我能感受到你的不满。不过，可不
      可以换一个想法：既然题超纲了，那就代表你没有
      不认真学习，所以更应该以平常心看待才是啊！"

(☺)"这么说来，你一定很气愤吧！你想怎么发泄一
      下呢？"

(☺)"你现在有什么想法呢？"

聪明的家长明白，想要孩子听话，务必要先学会倾听孩子。因
此，他们大多会以参与者的身份积极地倾听孩子。当他们回应孩子
时，会把关注点放在孩子的经历、挫折、情感等方面。他们在乎孩
子的想法和感受，对叛逆期孩子的挣扎、境遇、情绪都给予了理解
和包容。他们会用温暖的话术让孩子感受到被关注、被爱护、被理
解，用实际的爱和行动减少孩子的叛逆行为。

尊重孩子的独特个性

🗨 叛逆情景再现

家长不停地催促孩子赶紧收拾东西，准备去上钢琴辅导班，孩子却一动不动，还特别生气地对家长吼道："谁报的班谁去上，反正我不去。"

	说教话术	孩子的表现
	"你看人家×××，比你还小，人家除了上钢琴，还学书法、绘画……"	更加不耐烦，心里极度不平衡，语言、行为更加叛逆。
	温暖话术	孩子的表现
	"今天火气不小呀！是对钢琴没有兴趣吗？"	低落、叛逆的情绪有所缓解，向家长倾诉心里的不满。

情景分析

正如"世界上没有完全相同的两片树叶"一样，也不会有两个完全相同的孩子。世界上的每一个孩子，无论是外貌特征，还是心理发展、自我认知，都是独一无二的。也就是说，每一个处在叛逆期的孩子，都有自己独特的个性。然而，并不是每一个家长都能够理解并欣赏叛逆期孩子的独特个性。

就拿给孩子报兴趣班来说，有些家长出于"为孩子好"和"盼孩子成龙成凤"的心理，总是不经意间就把自己的意志强加给了孩子。他们在孩子的智力、学习、才艺、生活、旅游等方面投入了很多的金钱和精力，经常用家长的权威来替孩子做各种决定，从来都不问孩子自己的意见。在这个过程中，叛逆的孩子会用自己的方式反抗，比如不礼貌的话语、拖延的行为等。他们抵制家长给报的兴趣班，想学自己感兴趣的东西，他们独特的个性会在叛逆中变得更加突出。

话术解读

面对孩子不想去上兴趣班，家长们会用哪些话术来与孩子沟通呢？

说教话术

（😞）"你这是身在福中不知福啊！我们小的时候，想学还
没钱呢！你要听话，要知足。"

（😞）"我也知道你很累很苦，但我这么做都是为了你将
来好，我希望你能拥有一个美好的未来。现在苦点
儿、累点儿没关系，将来就不苦了。"

（😞）"为什么你就不喜欢啊？这个兴趣多好，大家都在
学呢！"

（😞）"我花了几千块钱给你报的兴趣班，你说不上就不上
了？我告诉你，你必须上。"

（😞）"你看你那些同学，哪一个不是多才多艺，再看看
你，什么才艺都没有。我给你报兴趣班，还不是为
了发展你的才艺，不想让你落后于别人，要不然你
以为我钱太多没地方花吗？"

　　有些家长只看得到孩子的叛逆行为，却看不到孩子在叛逆行为
中所表现出来的独特个性。他们知道"兴趣是孩子最好的老师"，
却不尊重孩子自己的兴趣，他们只给孩子报有益于学习、思维训
练的兴趣班。当孩子对家长所选的兴趣班不满时，他们会用各种说

教话术来给孩子提要求，告诉孩子应该怎么样，必须怎么样。殊不知，这类话术不但会使家长忽视孩子的独特个性，还会增强孩子的叛逆心理。

温暖话术

（☺）"之前你上得挺好的呀！今天是怎么了呢？怎么突然就不想去上了呢？能跟我说说吗？"

（☺）"这样好不好？我们今天去问问老师，看看能不能把学费退了。如果能退，咱就用退的钱报一个你喜欢的兴趣班；要是不能退，咱再商量商量怎么办，好吗？"

（☺）"这事也怪我！我报班的时候应该问问你的意见。你看，妈妈都把钱交了，这钱也退不了，你说怎么办呢？"

（☺）"我知道你不太喜欢这个兴趣，不如就把它当作一项挑战，尝试一下自己能坚持多久，然后我们再来商量，好吗？"

　　任何时候，家长都不应该忽视孩子的本体感受，这是家长发现孩子独特个性的最佳途径。当亲子间遇到冲突时，家长务必注意自己的态度和措辞，可以借助一些孩子不抵触的温暖话术来建立亲子间的沟通桥梁，增加自己对孩子的了解，主动引导孩子表达自我，发现并欣赏孩子独特的个性，帮助孩子建立足够的自尊和自信。

捕捉孩子的积极行为

🗨 叛逆情景再现

孩子最近总是无理取闹，家长说东，他偏要往西，经常对家长不理不睬。比如，家长说这周天气不好，外出露营的计划取消。孩子偏不听，偏要去露营，还自己收拾了东西，准备自己一个人去，导致亲子间的关系变得十分紧张。

	说教话术	孩子的表现
	"都跟你说了，天气不好，你是听不懂我说的话吗？"	坚持要自己去。
	温暖话术	孩子的表现
	"我们都需要冷静一下，我们先忙各自的事，半小时后，再来商量露营的事！"	有点儿不情愿地走开，去做其他事情。

💬 情景分析

在面对无理取闹、我行我素的叛逆孩子时，大多数家长都习惯性地把注意力放在孩子的叛逆情绪和行为上，比如孩子不听话，不写作业，不好好吃饭，不按时起床，等等。事实上，每一个处在叛逆期的孩子都有一些积极的行为，只要家长平时善于观察和捕捉，还是能够发现的。

出于"望孩子将来有个好前途"或"盼孩子优秀"的心理，很多家长都给孩子树立了各种各样的要求和目标。而且他们眼里还容不下孩子的叛逆情绪和行为，一旦孩子表现出叛逆，他们的注意力就都集中在孩子叛逆这件事上，全然疏忽了叛逆期孩子的积极行为，反而增加了孩子叛逆的可能。还有一些家长能够在叛逆中捕捉孩子的积极行为，他们懂得用孩子不抵触的温暖话术来鼓励叛逆期的孩子，促进叛逆期孩子积极行为的发展。

💬 话术解读

在面对叛逆期无理取闹的孩子时，总把注意力放在孩子叛逆情绪和行为上的家长和能够捕捉叛逆期孩子积极行为的家长，都会使用什么样的话术呢？

说教话术

（ :(）"你给我面壁思过去，好好反思反思哪里错了。"

（ :(）"谁家孩子像你这般不听话啊？"

（ :(）"我是你妈，我说什么就是什么，你不许再无理取闹了，否则我对你不客气。"

（ :(）"学习的时候怎么没见你这么热情啊？你要是把这些精力都用在学习上，何至于学习那么吃力。"

　　总是把注意力放在孩子的叛逆情绪和行为上的家长，经常会用命令、斥责、打击、威胁的说教话术同孩子交流，话里话外无不体现了家长对孩子的叛逆情绪和行为的关注。其实，有些孩子就是想通过叛逆来获取家长的关注。从这个层面上说，家长越是在话术中重点关注孩子的叛逆，孩子越有可能变得更加叛逆。

温暖话术

（ :) ）"你很勇敢，敢一个人独立去做事情。但是，对你这个年龄的孩子来说，这件事情你自己单独去做有些危险。你有没有想过会遇到哪些困难呢？"

（☺）"我很高兴你有自己的想法和主见，而且还勇敢地说了出来，真棒！要是再考虑一下这个想法是否合理，那就更完美啦！"

（☺）"遇到挫折你总能坚持！看不出来，你还挺厉害的嘛。"

　　能够捕捉叛逆期孩子积极行为的家长，不会把孩子的积极行为当成理所当然，他们会在孩子的叛逆中发现孩子的闪光点，会及时表扬孩子，会用孩子不抵触的温暖话术给孩子自信，并指导孩子自主思考，帮助孩子更好地进步和成长。

建立平等和尊重的新型亲子关系

叛逆情景再现

孩子吃饭的时间总是很长，经常一边吃一边玩儿，家长每次都让他好好吃饭、专心吃饭，吃完饭再玩，可孩子就是不听，反而故意放慢速度。

	说教话术	孩子的表现
	"你这样三心二意的，到底是想吃饭还是想玩儿，我看你是不想吃了。"	和家长对着干，逆反心理更强：我就要边吃边玩儿。
	温暖话术	孩子的表现
	"吃饭速度要稍微快一点儿哦！不然饭菜凉了，吃了肚子会不舒服的！"	摸摸肚子，看看饭菜，主动加快吃饭的速度，有的还会给自己规定用餐时间。

💧 情景分析

孩子不是家长的附属品，每一个孩子都是独立的个体。家长对孩子期望过高，把自己尚未实现的梦想强加在孩子身上，或者给孩子规划未来、盲目报兴趣班等，都是不尊重孩子，没有与孩子建立平等关系的表现，这些表现极易增强孩子的逆反心理。

在新型亲子关系中，平等和尊重是两个非常重要的原则，平等原则是基础，尊重原则是核心。亲子关系如果没有平等原则作为基础，那必然是受到束缚的，是扭曲的，会影响孩子的品行、习惯和价值观念的变化。亲子关系若缺少尊重这个核心原则，孩子的自身力量、家庭地位就很难被家长看见并且承认，生活能力、学习能力、自主能力也难以得到充分的发挥。

💧 话术解读

一般情况下，在没有建立平等和尊重的新型亲子关系的家庭中，家长大多喜欢用说教话术与孩子沟通。不过，一些聪明的家长则会用孩子不抵触的温暖话术来同孩子交谈。下面就以孩子边吃边玩儿，故意放慢速度为例，来简单地介绍一下这两种父母话术。

说教话术

(☹)"做事总是三心二意，吃饭就专心地吃饭，想玩儿干脆就别吃了。"

(☹)"大人跟你好好说话的时候，你要听，这样才是乖孩子，爸爸妈妈才喜欢。"

(☹)"你看你，吃个饭磨磨蹭蹭的，这可不是个好习惯，给我改掉。"

(☹)"我跟你说，也就是我，还有耐心跟你好好说话，要换成别的家长，早就动手打人了。"

在没有建立平等和尊重的新型亲子关系的家庭中，大多数家长都理所当然地把孩子当成孩子，而且是一个没有独立人格的孩子。面对叛逆期的孩子，他们总是端着家长的架子，高高在上地用说教类话术对孩子进行指责、说教。殊不知，这种说教话术反而会增强孩子的逆反心理，使亲子关系变得更糟。

温暖话术

(☺)"边吃边玩儿容易吃进细菌哦！你肯定不想拉肚子吧？"

（☺）"我们之前有约定的哦！边吃边玩儿可是三天都不能看电视呢！"

（☺）"我们做个规定吧，吃饭时间就半小时，谁违反了规定，没有在规定时间内吃完，谁就洗碗。"

　　能够建立新型亲子关系的家长，大多能及时调整自己的角色和情绪。面对叛逆期的孩子，他们会及时转变起主导作用的教养角色，变成陪伴孩子成长的陪伴者。他们尊重孩子，愿意同孩子建立平等关系。基于此，他们在与孩子沟通时，会主动采取一些温暖话术，尊重孩子，给孩子足够的安全感，帮助孩子健康地成长。

放下预言，关爱眼前的孩子

叛逆情景再现

家长辅导孩子做作业，发现孩子总把题目看错，当家长问为什么时，他总是说自己没有认真看、不想看。

	说教话术	孩子的表现
	"我跟你说了多少遍了，读题要认真，不可以粗心大意，这不，你就栽跟头了。"	不想听，厌烦家长，继续叛逆：我就要这样，我就不专心。
	温暖话术	孩子的表现
	"多可惜啊！要是看认真一点儿就不会错了！你觉得怎么才能解决这个问题呢？"	自己提出解决方案。

情景分析

叛逆期的孩子常常会做出一些让家长很头疼的叛逆行为，如故意不听话、和家长反着来、任性等。在面对孩子的这些叛逆行为时，有些家长总会习惯性地预言孩子的未来，而且这些预言往往都是不好的。这其实是在否定孩子，是一种伤害孩子的行为。

大多数家长之所以会根据孩子的行为预言孩子的未来，究其原因，主要有两点：

（1）家长对孩子的爱是有条件的爱。换句话说，就是家长不能全方位地接纳孩子。

（2）家长对孩子抱有期望，当孩子达不到或有可能达不到家长的期望时，家长会有意无意地否定孩子的未来。

话术解读

那些总给孩子预言未来的家长和那些关爱眼前孩子的家长，都会用哪些话术来与叛逆期的孩子沟通呢？下面就叛逆期孩子不认真读题、故意把题读错为例，简单介绍一下两种不同的家长使用的不同话术。

说教话术

（😞）"你现在不认真看，以后是要后悔的。"

（😞）"你知道自己没认真看，干吗不认真点儿呢？要知道你可是在为自己学习啊！"

（😞）"你要是继续用这种态度写作业，肯定会养成看错题目、粗心大意的坏毛病，日后怕是想改也改不了了。"

有些家长在与孩子交流的过程中，经常会有意无意地代入预言，尤其是面对叛逆期的孩子，他们话里话外都在给孩子强调这样做不行，那样做不对，这样做将来会怎么怎么样，那样做将来会后悔。殊不知，这些话术不但给孩子贴了标签，还给孩子的未来下了定义，更容易引发孩子的逆反心理。

温暖话术

（😊）"谢谢你的诚实，告诉了我原因。但我希望你能够静下心来，认真读题，认真写作业，养成注意力集中的好习惯。"

（😊）"你这样可不行哦！学习需要专心致志，这样才能记住知识点，消化知识点。"

（☺）"小心养成不认真读题、粗心大意的坏习惯哦！那可
是自己害自己呢！"

　　孩子的幸福主要来源于家长的接纳力，这里所说的接纳力，是指全方位的接纳，不管眼前的孩子是否叛逆，家长都要无条件地接纳他、关爱他，并用积极的眼光去对待他的叛逆和缺点，用温暖的话术与他平等地沟通。因此，家长要放下预言，关爱眼前的孩子，接纳孩子的叛逆，给孩子营造一个自主思考的空间，让孩子自己思考解决叛逆行为的方法，给孩子足够的信任和保护，提高孩子的自立能力和自信心。